Obra Completa de C.G. Jung
Volume 8/1

A energia psíquica

Comissão responsável pela organização do lançamento da Obra Completa de C.G. Jung em português:
Dr. Léon Bonaventure
Dr. Leonardo Boff
Dora Mariana Ribeiro Ferreira da Silva
Dra. Jette Bonaventure

A comissão responsável pela tradução da Obra Completa de C.G. Jung sente-se honrada em expressar seu agradecimento à Fundação Pro Helvetia, de Zurique, pelo apoio recebido.

Dados Internacionais de Catalogação na Publicação (CIP)
(Câmara Brasileira do Livro, SP, Brasil)

Jung, Carl Gustav, 1875-1961
 A energia psíquica / C.G. Jung ; tradução de Maria Luiza Appy. – 14. ed. – Petrópolis, RJ : Vozes, 2013.
 Título original: Die Dynamik des Unbewussten (I)
 Bibliografia

19ª reimpressão, 2025.

 ISBN 978-85-326-0241-1
 1. Psicanálise 2. Psicologia junguiana I. Título

07-0900   CDD-150.1954

Índices para catálogo sistemático:
1. Psicanálise : Sistema junguiano : Psicologia   150.1954

C.G. Jung

A energia psíquica

8/1

© 1971, Walter-Verlag, AG, Olten

Tradução do original em alemão intitulado
Die Dynamik des Unbewussten
(8. Band)
I - Über die Energetik der Seele

Editores da edição suíça:
Marianne Niehus-Jung
Dra. Lena Hurwitz-Eisner
Dr. Med. Franz Riklin
Lilly Jung-Merker
Dra. Fil. Elisabeth Rüf

Direitos exclusivos de publicação em língua portuguesa:
1983, Editora Vozes Ltda.
Rua Frei Luís, 100
25689-900 Petrópolis, RJ
www.vozes.com.br
Brasil

Todos os direitos reservados. Nenhuma parte desta obra poderá ser reproduzida ou transmitida por qualquer forma e/ou quaisquer meios (eletrônico ou mecânico, incluindo fotocópia e gravação) ou arquivada em qualquer sistema ou banco de dados sem permissão escrita da editora.

CONSELHO EDITORIAL

Diretor
Volney J. Berkenbrock

Editores
Aline dos Santos Carneiro
Edrian Josué Pasini
Marilac Loraine Oleniki
Welder Lancieri Marchini

Conselheiros
Elói Dionísio Piva
Francisco Morás
Teobaldo Heidemann
Thiago Alexandre Hayakawa

Secretário executivo
Leonardo A.R.T. dos Santos

PRODUÇÃO EDITORIAL

Anna Catharina Miranda
Eric Parrot
Jailson Scota
Marcelo Telles
Mirela de Oliveira
Natália França
Priscilla A.F. Alves
Rafael de Oliveira
Samuel Rezende
Verônica M. Guedes

Tradução: Maria Luiza Appy
Editoração: Fernando Sergio Olivetti da Rocha
Projeto gráfico: AG.SR Desenv. Gráfico
Capa: 2 estúdio gráfico

ISBN 978-85-326-2424-6 (Obra Completa de C.G. Jung)

ISBN 978-85-326-0241-1 (Brasil)
ISBN 3-530-40708-9 (Suíça)

> A tradutora agradece efusivamente a João Carlos Paretti pela preciosa ajuda durante a tradução.

Este livro foi composto e impresso pela Editora Vozes Ltda.

Sumário

Prefácio dos editores, 7

I A energia psíquica, 11
   1 Observações gerais sobre o ponto de vista energético na Psicologia, 13
      A Introdução, 13
      B A possibilidade da determinação psicológica quantitativa, 16
         a) O sistema subjetivo de valores, 19
         b) A avaliação quantitativa objetiva, 21
   2 A aplicação do ponto de vista energético, 25
      A O conceito psicológico da energia, 25
      B A conservação da energia, 28
      C A entropia, 36
      D Energetismo e dinamismo, 39
   3 Os conceitos básicos da teoria da libido, 44
      A Progressão e regressão, 44
      B Extroversão e introversão, 52
      C O deslocamento da libido, 53
      D A formação do símbolo, 58
   4 O conceito primitivo de libido, 76

Referências, 83

Índice onomástico, 87

Índice analítico, 89

Prefácio dos editores

O oitavo volume da Obra Completa compreende sobretudo trabalhos em que são expostos os conhecimentos fundamentais e as hipóteses de trabalho essenciais de C.G. Jung. Seis ensaios provêm do livro *Über psychische Energetik und das Wesen der Träume (A respeito da energética psíquica e da natureza dos sonhos),* publicado pela primeira vez em 1948. Com estes escritos Jung tomou posição, naquela altura, a respeito das críticas e objeções que se levantavam contra sua obra *Wandlungen und Symbole der Libido (Transformações e símbolos da libido,* publicada em 1912; nova edição, com o título: *Symbole der Wandlung – Símbolos da transformação –* publicada em 1952; OC, 5). Desta forma, ele documentou e ampliou sua teoria da libido, que principiou a elaborar em torno de 1912, mas que só concluiu em 1928. Nesse entretempo, discutiu os conceitos psicanalíticos de Freud, no ensaio "Versuch einer Darstellung der Analytischen Theorie" ("Tentativa de exposição da teoria analítica") (1913; OC, 4), e resumiu de maneira muito clara suas próprias experiências e ideias. Todos estes trabalhos constituem o pressuposto básico para a compreensão da Psicologia Analítica ou Complexa.

É sobretudo o capítulo "Considerações teóricas sobre a natureza do psíquico" que nos permite conhecer o ponto de vista epistemológico do autor. Nesse trabalho são analisados os conceitos de "consciência" e "inconsciente" na sua evolução histórica e em sua vinculação com o conceito de instinto. Esta questão preocupava Jung já desde 1919, como se pode deduzir de seu escrito "Instinkt und Unbewusstes" ("Instinto e inconsciente"). O resultado desses estudos proporcionou-lhe as bases para a sua teoria dos arquétipos.

"Sincronicidade: um princípio de conexões acausais" foi incluído neste volume porque versa sobre fatos determinados pelos instintos ou pelos arquétipos e que não podem ser compreendidos mediante o princípio da causalidade. Trata-se, pelo contrário, de coincidências significativas que trazem uma nova dimensão à compreensão científica. O fato de Jung ter hesitado em publicar este escrito que vinha revolucionar a ciência parece-nos muito compreensível. Ele só veio a publicá-lo juntamente com um ensaio do famoso físico e detentor do Prêmio Nobel, Prof. W. Pauli, da Eidgenössische Technische Hochschule (Escola Superior Técnica Federal) de Zurique, em *Naturerklärung und Psyche* (Explicação da natureza e psique) (Zurique: Rascher, 1952). A teoria da sincronicidade mostra-nos a existência de conexões entre os conhecimentos da moderna Física e a Psicologia Analítica, em um campo fronteiriço ainda bem pouco explorado e de difícil acesso da realidade.

Em torno destes três trabalhos fundamentais se agrupam os estudos tematicamente conexos. Além dos mencionados ensaios: "A respeito da energia psíquica e da natureza dos sonhos", o espaço maior é ocupado por estudos isolados, extraídos dos livros *Von den Wurzeln des Bewusstseins* (*As raízes da consciência*) (1954) e *Wirklichkeit der Seele* (Realidade da alma) (1934), bem como *Seelenprobleme der Gegenwart* (Problemas espirituais da atualidade) (1931).

Atenção especial merecem aqui mais dois outros estudos: "As etapas decisivas da vida" e "A função transcendente". O ensaio "As etapas da vida humana" se ocupa com o problema do processo de individuação, tarefa que se coloca principalmente na segunda metade da existência, ao passo que "A função transcendente" – escrito em 1916, mas só publicado quarenta anos mais tarde – analisa o caráter prospectivo dos processos inconscientes. É daqui que os estudos de Jung sobre a "imaginação ativa", componente essencial da experiência psíquica e das discussões no âmbito da Psicologia Analítica, têm o seu ponto de partida.

Os trabalhos menores sobre cosmovisão, realidade e suprarrealidade, sobre espírito e vida, assim como sobre a crença nos espíritos, ocupam-se com conceitos teóricos, sob um ponto de vista empírico. O autor procura também entender essas questões em seu aspecto fenomenológico, para, em seguida, explorá-las sob o ponto de vista psicológico.

Para a edição do presente volume, a comunidade herdeira das obras de Jung nomeou a Sra. Lilly Jung-Merker e a Srta. Dra. Elisabeth Rüf como novas integrantes do corpo editorial. O índice onomástico e o índice analítico foram elaborados pela Srta. Marie-Luise Attenhofer e pela Sra. Sophie Baumann-van Royen e, posteriormente, pelo Sr. Jost Hoerni. A eles deixamos aqui expresso o nosso agradecimento pelo seu cuidadoso trabalho. Na tradução dos textos gregos e latinos tivemos a assistência da Dra. Marie-Louise von Franz, trabalho este que merece todo nosso agradecimento.

Pelos editores,
F.N. Riklin

I
A energia psíquica*

---

* Publicado pela primeira vez em *Über die Energetik der Seele*, 1928.

1
Observações gerais sobre o ponto de vista energético na Psicologia

A Introdução

O conceito de *libido*, por mim proposto[1], topou com muitos mal-entendidos e mesmo com a absoluta rejeição. Por isso não me parece supérfluo examinar, ainda uma vez, as bases em que se assenta este conceito.

É fato universalmente conhecido que os fenômenos físicos podem ser considerados sob dois pontos de vista distintos, a saber: do ponto de vista *mecanicista* e do ponto de vista *energético*[2]. A concepção mecanicista é meramente causal, e compreende o fenômeno como sendo o efeito resultante de uma causa, no sentido de que as substâncias imutáveis alteram as relações de umas para com as outras segundo determinadas leis fixas.

A consideração energética é essencialmente de caráter finalista[3], e entende os fenômenos, partindo do efeito para a causa, no sentido de que na raiz das mutações ocorridas nos fenômenos há uma energia que se mantém constante, produzindo, entropicamente, um estado

---

1. Cf. *Wandlungen und Symbole der Libido*, p. 120s. [Nova edição: *Symbole der Wandlung*, p. 218s.) [OC, 5].
2. Cf. WUNDT, W. *Grundzüge der physiologischen Psychologie*. Vol. III. Lípsia: [s.e.], p. 692s. Com relação ao ponto de vista dinamista, cf. HARTMANN, E. *Die weltanschauung der modernen Physik*. 2. ed. Bad Sachsa: [s.e.], p. 202s.
3. Evito o termo "teleológico" para não dar margem ao mal-entendido que vem associado ao conceito corrente de teleologia, ou seja, à opinião de que a teleologia encerra a ideia de prefixação de um fim a ser alcançado.

de equilíbrio geral no seio dessas mutações. O desenrolar do processo energético possui uma direção (um objetivo) definida, obedecendo invariavelmente (irreversivelmente) à diferença de potencial. A ideia de energia não é a de uma substância que se movimenta no espaço, mas um conceito abstraído das relações de movimento. Suas bases não são, por conseguinte, as substâncias como tais, mas suas relações, ao passo que o fundamento do conceito mecanicista é a substância que se move no espaço.

4   Esses dois pontos de vista são imprescindíveis para a compreensão do fenômeno físico e por isso gozam do reconhecimento geral, porque, graças à coexistência dos pontos de vista mecanicista e energético, foi surgindo pouco a pouco uma terceira forma de concepção simultaneamente mecanicista e energética, embora, considerada sob o ponto de vista lógico, a subida da causa ao efeito, isto é, a ação progressiva da causa, não possa constituir a escolha regressiva de um meio em ordem a um fim[4]. É-nos de todo impossível conceber um só e mesmo encadeamento dos fatos como sendo, ao mesmo tempo, causal e final, pois uma determinação exclui a outra. Trata-se precisamente de dois pontos de vista diferentes, dos quais um é o inverso do outro, pois o princípio de finalidade é o inverso lógico do princípio de causalidade. A finalidade não é apenas logicamente possível, como igualmente um princípio imprescindível de explicação da natureza, pois uma explicação da natureza não pode ser unicamente mecanicista. Com efeito, se nossos conhecimentos fossem apenas de substâncias em movimento, só haveria explicações causais. Entretanto, conhece-

---

4. "As causas finais e causas mecânicas se excluem mutuamente, porque uma função não pode ser ao mesmo tempo unívoca e plurívoca" (WUNDT, W. *Grundzüge der physiologischen Psychologie*. Op. cit., p. 728). Parece-me inadmissível falar-se de "causas finais", pois o resultado disto é um conceito híbrido, resultante da mistura de um ponto de vista causal e finalista. Em Wundt, a sequência causal é unívoca e constituída de três termos, a saber: da causa M. e do efeito resultante E, ao passo que a sequência final é plurívoca e constituída de três termos, ou seja: do fim que se tem em vista: A, do meio a ser usado: M, e da consecução do fim: E. Considero esta construção como um produto híbrido, porque o conceito de finalidade é uma complementação, concebida em termos causais, da sequência final real M-E, também ela unívoca e constituída de dois membros. Quer dizer: como a consideração final não é senão o inverso do ponto de vista causal (Wundt), M-E é simplesmente a conexão causal, considerada em sentido inverso. O conceito de finalidade desconhece uma causa situada no começo do processo, pois o ponto de vista finalista não é causal e, por conseguinte, não contém nenhuma ideia de causa, da mesma forma como o ponto de vista causal não encerra a ideia de finalidade ou de consecução de um fim.

mos também relações de movimento que nos levam forçosamente a um ponto de vista energético[5]. Se assim não fosse, não haveria absolutamente necessidade de inventar o conceito de energia.

A predominância de um ou de outro ponto de vista depende menos do comportamento das coisas do que propriamente das disposições psicológicas do pesquisador e do pensador. A empatia conduz a um ponto de vista mecanicista, e a abstração a um modo de ver energético. As duas orientações tendem a cometer o erro de hipostasiar seus princípios com os chamados fatos objetivos da experiência e a opinar que a concepção subjetiva se identifica com o comportamento das coisas e que, por consequência, a causalidade, por ex., tal qual a encontramos em nós próprios, acha-se presente também objetivamente no comportamento das coisas. Este erro é muito difundido e por isso leva a conflitos incessantes com o princípio oposto, pois, como dissemos acima, é de todo impossível conceber que a determinação seja simultaneamente causal e final. Esta contradição insuportável resulta da projeção ilícita e irrefletida do mero ponto de vista no objeto. Os pontos de vista só são isentos de contradição quando se mantêm na esfera do psicológico e só hipoteticamente são projetados no comportamento das coisas. O princípio de causalidade suporta, sem contradição, o seu oposto lógico, mas os fatos não. Por esta razão, a finalidade e a causalidade se excluem forçosamente no objeto. Entretanto, devido à conhecida tendência a reduzir as coisas, é comum estabelecer um compromisso insuficiente sob o ponto de vista teórico, considerando esta pequena porção como causal e aquela outra como final[6]. Aí, então, surge toda espécie de produtos compostos que, todavia – é impossível negá-lo –, oferecem-nos uma imagem re-

---

5. A disputa entre energeticismo e mecanicismo é um caso semelhante ao da antiga questão dos universais. Certo é que o objeto de nosso conhecimento sensível são as coisas individuais, e neste sentido o universal é apenas um nome, uma palavra. Mas as coisas nos oferecem também semelhanças ou relações, e neste sentido o universal é uma realidade (*realismo relativo* de Abelardo).

6. A finalidade e a causalidade são duas formas possíveis e antonômicas de entender os fatos. São "interpretantes" progressivos e regressivos (Wundt) e, como tais, contraditórios. Esta proposição naturalmente só é correta quando se pressupõe que o conceito de energia é uma abstração que expressa uma relação. "A energia e relação" (cf. HARTMANN, E. *Die weltanschauung der modernen Physik*. Op. cit., p. 196). Não é correto, porém, quando se pressupõe um conceito hipostasiado de energia (como, por exemplo, em OSTWALD, W. *Die Philosophie der Werte*. Lípsia: [s.e.], 1913).

lativamente fiel da realidade⁷. Não devemos jamais perder de vista que, por mais bela que seja a concordância dos fatos com nossos conceitos, nossos princípios de explicação mais não são do que pontos de vista, isto é, manifestações das nossas disposições psicológicas e das condições apriorísticas do pensamento.

B A possibilidade da determinação psicológica quantitativa

6   O que até aqui foi dito deve ter esclarecido que todo acontecimento requer os dois pontos de vista, tanto o causalista-mecanicista quanto o finalista-energético. Só a *oportunidade* e a *possibilidade de bons resultados* é que vão decidir quanto à prioridade a dar a uma ou a outra dessas maneiras de observar. Por exemplo, se o que interessa é o lado qualitativo do fato, a preferência será dada à observação energética, uma vez que esta não lida com as substâncias propriamente ditas, mas apenas com as relações quantitativas de movimento das mesmas.

7   Já se discutiu muito sobre a questão: se o acontecimento psíquico pode ou não ser observado do ponto de vista energético. *A priori*, não há motivo que o impeça, pois não há razões para que não se considerem os fenômenos psíquicos como objetos da experiência objetiva, uma vez que o psíquico em si também pode ser objeto de experiência. O exemplo de Wundt⁸ nos mostra que se pode duvidar, de boa-fé, que o ponto de vista energético possa ser aplicado em relação aos fenômenos psíquicos e, em caso afirmativo, que a psique possa ser considerada como um sistema relativamente fechado.

8   Quanto ao primeiro ponto, tenho que concordar inteiramente com Von Grot, um dos primeiros a chamar a atenção para a energia psíquica, quando diz: "O conceito de energia psíquica é tão legítimo na ciência quanto o da energia física, e a energia psíquica tem igualmente medidas quantitativas e formas diferentes como a física"⁹.

---

7. "A diferença entre a consideração teleológica e consideração causal não é uma diferenciação material, que divide os conteúdos da experiência em dois setores de natureza díspar; pelo contrário, os dois modos de considerar são diversos apenas do ponto de vista formal, de tal sorte que a cada relação final corresponde uma conexão causal; mas pode acontecer também o inverso: existir, eventualmente, para cada relação causal uma forma teleológica" (WUNDT, W. *Grundzüge der physiologischen Psychologie*. Op. cit., p. 737).

8. Cf. nota 4.

9. Cf. GROT, N. "Die Begriffe der Seele und der psychischen Energie in der Psychologie". *Archiv für systematische Philosophie*, IV/3, 1898, p. 290. Berlim.

Quanto ao segundo ponto, discordo das pessoas que têm tratado desta questão até o presente, uma vez que praticamente não me preocupei com o problema de incluir os processos energéticos psíquicos nas classificações do sistema físico. Não o faço porque no máximo o que temos são algumas vagas suposições, mas nenhum verdadeiro ponto de apoio. Muito embora eu tenha certeza de que a energia psíquica está de alguma forma intimamente ligada ao processo físico, nossas experiências e conhecimentos ainda são totalmente insuficientes para podermos falar com alguma competência dessa conexão. No que se refere ao lado filosófico da questão, aprovo totalmente as ideias desenvolvidas por Busse sobre o assunto[10]. Devo filiar-me a Kuelpe, quando diz a respeito disso: "Portanto, não faz a menor diferença se uma quantidade de energia mental se introduz ou não no decurso dos processos materiais: a lei da conservação da energia, tal como a compreendemos até o presente, não estaria sendo violada"[11].

A relação psicofísica é, na minha opinião, um problema à parte, a ser resolvido eventualmente no futuro. Por ora, a psicologia não deve deter-se nessa dificuldade; no entanto, pode considerar a psique como um sistema *relativamente* fechado. Assim, é sem dúvida necessário romper com o ponto de vista "psicofísico", a meu ver insustentável, pois o modo epifenomenológico de considerá-lo continua uma herança do antigo materialismo científico. Na opinião de Lasswitz, Von Grot e outros, os fenômenos da consciência não teriam conexões funcionais entre si, porque seriam *apenas* (!) "fenômenos, manifestações, indícios de certas situações funcionais mais profundas". As relações causais de fatos psíquicos entre si, que podemos observar a qualquer momento, contradizem o ponto de vista epifenomenológico, que tem uma semelhança fatal com o parecer materialista, de que a psique é uma secreção do cérebro, tal como a bile é uma secreção do fígado. Seria melhor que uma psicologia que considera o acontecer psíquico como um epifenômeno se denominasse fisiologia cerebral e se desse por satisfeita com o paupérrimo resultado fornecido por uma tal psicofisiologia. O acontecer psíquico merece ser considerado como um fenômeno em si, pois não existe razão alguma para

---

10. BUSSE, L. *Geist und Körper, Seele und Leib*. Lípsia: [s.e.], 1903.
11. KUELPE. *Einleitung in die Philosophie*. [s.l.]: [s.e.], 150.

considerá-lo um mero epifenômeno – embora esteja ligado à função cerebral – assim como tampouco podemos conceber a vida como um epifenômeno da química carbônica.

A experiência direta de relações psíquicas quantitativas por um lado, e a obscuridade reinante no campo ainda totalmente inexplorado da conexão psicofísica por outro, justificam considerar, pelo menos provisoriamente, a psique como um sistema energético relativamente fechado. Assim sendo, defendo um ponto de vista diretamente contrário à energética psicológica de Von Grot, pois, em minha opinião, ele se move sobre um terreno inteiramente inseguro, razão pela qual as suas demais declarações carecem de força comprobatória. Mesmo assim, quero apresentar ao leitor resumidamente as formulações de Von Grot como sendo a expressão de um pioneiro neste campo dificílimo.

1) As energias psíquicas são quantidades e grandezas iguais às da física.

2) Elas são mutuamente transformáveis uma na outra, enquanto formas diferentes do trabalho psíquico e da potencialidade psíquica.

3) Elas podem transformar-se igualmente em energias físicas e vice-versa (por intermédio dos processos fisiológicos)[12].

Com toda certeza, é desnecessário acrescentar que a frase 3 deve vir acompanhada de um ponto de interrogação muito significativo. Em última análise, só a observação oportuna decidirá, não se o modo de observar a energia em si é possível, mas se na aplicação prática este modo será bem-sucedido[13].

Com a possibilidade da determinação exata da quantidade da energia física, *ficou comprovada* a possibilidade de êxito do modo de observação energética para o fenômeno físico. No entanto, também seria possível observar o acontecimento físico energeticamente sem uma determinação exata da quantidade, mas só com a possibilidade

---

12. Cf. GROT, N. "Die Begriffe der Seele und der psychischen Energie in der Psychologie". Op. cit., p. 323.

13. Grot chega a dizer que o *onus probandi* cabe àqueles que negam a aplicabilidade da lei da conservação da energia na psicologia, mas não àqueles que a reconhecem" (p. 324).

da *estimativa das quantidades*[14]. Contudo, se nem mesmo uma simples estimativa fosse possível, então teríamos sem dúvida que renunciar à observação energética, pois, se não houvesse pelo menos uma possibilidade de avaliar as quantidades, o ponto de vista energético tornar-se-ia de todo dispensável.

a) O sistema subjetivo de valores

A aplicabilidade do ponto de vista energético na psicologia depende exclusivamente da questão de saber se avaliações quantitativas da energia psíquica são possíveis. Devemos responder de forma absolutamente afirmativa a esta questão, porque a nossa psique possui um refinado sistema de avaliação de extraordinária sutileza, ou seja, o *sistema dos valores psicológicos*. Valores são avaliações quantitativas de energia. Observe-se a esse respeito que nós dispomos não só de um sistema objetivo de valores, mas também de um sistema objetivo de medidas, isto é, de valores morais e estéticos coletivos. Este sistema de medidas, porém, não é utilizável para os nossos fins por se tratar de uma escala de valores estabelecida universalmente, que só indiretamente leva em conta as condições psicológicas subjetivas, isto é, individuais.

O que interessa, antes de mais nada, aos nossos fins é o *sistema subjetivo de valores*: as avaliações subjetivas de cada indivíduo. Somos de fato até certo grau capazes de avaliar os valores subjetivos dos nossos conteúdos psicológicos, embora às vezes seja bastante difícil medi-los de modo objetivamente correto, isto é, comparados aos valores universais estabelecidos. Tal comparação, porém, é dispensável, como já dissemos acima. Também podemos comparar as nossas avaliações subjetivas umas com as outras, determinando-lhes a força *relativa*. No entanto, essa medida é relativa aos valores dos outros conteúdos; assim sendo, ela não é nem absoluta nem objetiva, embora suficiente para os nossos fins, posto que, dentro de qualidades iguais, é possível reconhecer com segurança as intensidades de valor desiguais, e que valores iguais, nas mesmas condições, equilibram-se, como se pode provar.

---

14. Foi realmente o que aconteceu com Descartes: o primeiro a estabelecer o princípio da conservação da quantidade do movimento, mas sem ainda dispor dos métodos de medição física, que só foram descobertos mais recentemente.

16   A dificuldade só aparece quando se trata de comparar intensidades de valor de qualidades diferentes, por exemplo, na comparação do valor de um pensamento científico com o de uma sensação ou impressão. Neste caso a avaliação subjetiva torna-se duvidosa, logo não confiável. Além disso, a avaliação subjetiva limita-se a conteúdos conscientes, não se prestando, portanto, à valoração de influências inconscientes, uma vez que estas ultrapassariam os limites da consciência.

17   Em virtude da conhecida relação compensatória entre a consciência e o inconsciente[15], é justamente do maior interesse descobrir a possibilidade de determinar valores para o inconsciente. Se quisermos levar a efeito um modo de observação energética do fenômeno psíquico seremos obrigados a considerar o fato importantíssimo de que valores conscientes podem desaparecer, aparentemente, sem que ressurjam em alguma outra atividade consciente que lhe corresponda. Neste caso teremos, teoricamente, que esperar o seu aparecimento no inconsciente. No entanto, uma vez que não temos acesso direto ao inconsciente nem em nós mesmos, nem no outro, a avaliação só pode ser indireta, ou seja, nos obriga a recorrer a métodos auxiliares para realizar avaliações. Na avaliação subjetiva o sentimento e a intuição nos ajudam naturalmente, uma vez que se trata de uma função que vem se desenvolvendo desde tempos imemoriais, diferenciando-se com muita sutileza. A criança já se exercita desde a mais tenra idade na questão da diferenciação de sua escala de valores ao decidir se gosta mais do pai ou da mãe, quem vem em terceiro lugar e quem detesta mais etc. Essa avaliação consciente falha não só em relação às manifestações do inconsciente, mas até se inverte em evidentes falsas avaliações, que também podemos denominar "repressões" ou "transferências do afeto". Assim sendo, a avaliação subjetiva deve ser decididamente excluída na avaliação de intensidades de valores inconscientes. Consequentemente, precisamos de pontos de referência objetivos, que possibilitem uma *avaliação* indireta, mas *objetiva*.

---

15. A unilateralidade da consciência é compensada por uma posição eventualmente oposta no inconsciente. São principalmente os fatos da psicopatologia que mostram claramente a situação compensatória do inconsciente. Material comprobatório abundante nos escritos de Freud bem como de Adler, e também na minha "Psychologie der Dementia praecox" [OC, 3]. Aspectos teóricos in: "Instinto e inconsciente" [Dissertação VI do vol. 8/2]. Quanto à compensação psíquica, em suas conexões gerais, cf. MAEDER, A. *Régulation psychique et guérison*. [s.l.]: [s.e.].

b) A avaliação quantitativa objetiva

Ao estudar os fenômenos da associação[16], indiquei que existem certos agrupamentos de elementos psíquicos em torno de conteúdos emocionais que denominamos *complexos*. O conteúdo emocional, ou complexo, é constituído de um elemento nuclear e de uma grande quantidade de associações consteladas secundariamente. O elemento nuclear consta de dois componentes: em primeiro lugar, de uma condição, determinada pela experiência, portanto, de um fato vivido, causalmente vinculado ao ambiente, e, em segundo lugar, de uma condição imanente de caráter individual de natureza disposicional.

O elemento nuclear distingue-se pela tonalidade emocional, pela tônica afetiva. Esta tônica, quando expressa energeticamente, é uma *quantidade de valor*. A quantidade pode ser de certa maneira avaliada subjetivamente, se o elemento nuclear for consciente. Mas se o elemento nuclear for inconsciente[17] – o que ocorre frequentemente – ou

---

16. Cf. *Diagnostische Assoziationsstudien* [OC, 2].

17. Não é evidente que um complexo ou seu núcleo essencial possa ser inconsciente. Um complexo não seria um complexo se ele não possuísse certa ou mesmo uma grande intensidade afetiva. Esse valor energético deveria trazê-lo automaticamente à consciência – ou pelo menos se esperaria que assim fosse. Em outras palavras, a força de atração inerente ao complexo deveria atrair a atenção consciente. (Campos de força atraem-se mutuamente!) O fato de muitas vezes isso não ser assim merece uma explicação especial. A explicação mais acessível e mais simples nos é dada pela *teoria da repressão de Freud*. Essa teoria pressupõe que no consciente exista uma posição contrária, i.e., a atitude consciente é por assim dizer hostil ao complexo inconsciente e não lhe permite chegar à consciência. Há de fato muitos casos que podem ser explicados por esta teoria. Mas de acordo com a minha experiência há outros, que não se explicam por ela. A teoria da repressão visa unicamente os casos em que um conteúdo – que em si é capaz de se tornar consciente – é excluído do âmbito da plena consciência e tornado inconsciente, ou *a limine* é mantido fora do alcance da consciência. Essa teoria, porém, não leva em conta os demais casos, cujos materiais inconscientes – incapazes em si de se tornarem conscientes – vão formar um conteúdo de elevada intensidade energética, mas que num primeiro momento não podem se tornar conscientes ou só podem sê-lo mediante enormes dificuldades. Num tal caso, a atitude consciente não só não é hostil ao conteúdo inconsciente, mas denotaria solicitude em relação a ele: trata-se de novas formações criativas, que na grande maioria dos casos têm sua origem primeira no inconsciente. Tal como a mãe que espera seu bebê ansiosamente e só consegue trazê-lo à luz com esforço e muitas dores, assim também um conteúdo criativo novo, apesar da prontidão do consciente, pode permanecer por longo tempo no inconsciente sem que esteja "reprimido". Apesar de seu alto valor energético ele não se torna consciente. Não é muito difícil explicar este caso: como o conteúdo é novo, e justamente por isso, estranho à consciência, inexistem quaisquer associações e pontes de ligação com a consciência. Essas últimas ainda têm que ser

se pelo menos o seu significado psicológico for inconsciente, a avaliação subjetiva não funciona. Neste caso deve ser aplicado o método indireto de avaliação. Este se baseia em princípio no seguinte fato: o elemento nuclear cria automaticamente um complexo na medida em que sua tônica é afetiva, isto é, ele possui um valor energético, como mostrei pormenorizadamente no segundo e terceiro capítulos do meu ensaio *Psychologie der Dementia praecox*. O elemento nuclear tem uma *força consteladora* correspondente a seu valor energético. A partir dele ocorre uma constelação específica dos conteúdos psíquicos, o que cria o complexo. Este é, portanto, uma constelação de conteúdos psíquicos, dinamicamente condicionada pelo valor energético. Mas a constelação resultante não é apenas uma irradiação da excitação, mas uma *seleção*, condicionada pela *qualidade* do elemento nuclear, dos conteúdos psíquicos excitados, os quais naturalmente não podem ser explicados energeticamente, pois a explicação energética é quantitativa e não qualitativa. Para a explicação qualitativa, necessitamos do ponto de vista causal[18]. A proposição em que se baseia a avaliação subjetiva das intensidades de valor psicológicas é a seguinte: *A força consteladora do elemento nuclear corresponde à intensidade de valor do mesmo, ou seja, à sua energia.*

Mas de que meios dispomos nós para avaliar o valor energético da força consteladora que enriquece um complexo com associações? Podemos avaliar essa quantidade energética, como segue:

1. *Pelo número relativo das constelações produzidas pelo elemento nuclear.* A constatação acontece pela observação direta, por um lado, e pela exploração analítica, por outro, isto é, quanto mais frequentemente encontrarmos constelações condicionadas por um mesmo complexo, tanto maior deve ser a valência psicológica do mesmo.

2. *Pela frequência e intensidade relativas dos denominados sinais de perturbação ou de complexo.* Não nos referimos aqui apenas aos sinais característicos surgidos da experiência das associações – as

---

todas, laboriosamente, construídas. Sem essas ligações o emergir da consciência é impossível. Há, portanto, duas razões principais a considerar, na explicação da inconsciência de um complexo: 1) A repressão de um conteúdo capaz de ser conscientizado e 2) A estranheza de um conteúdo ainda incapaz de se tornar consciente.

18. Ou de um conceito hipostasiado de energia, como o de Ostwald. Por este modo seria difícil de evitar o conceito de substância, necessário a um modo de explicação causal-mecanicista, pois "energia", no fundo, é sempre apenas um conceito de quantidade.

quais, aliás, nada mais são do que efeitos do complexo, cuja forma depende da situação específica da experiência –, mas ao fato de estarmos lidando com aqueles fenômenos próprios do processo psicológico que está livre das condições do experimento. Freud descreveu uma boa parte desses fenômenos como sendo lapsos de linguagem, erros de escrita, esquecimentos, mal-entendidos e outros sintomas. Acrescentem-se os automatismos descritos por mim, como "perder o fio do pensamento", "fascinações", "falas trocadas"[19] etc. Em parte, a intensidade desses fenômenos pode ser medida diretamente pela duração no tempo, conforme mostrei no experimento da associação. O mesmo também é possível no processo psicológico sem restrições, em que podemos determinar a intensidade de valor, com o relógio na mão, medindo o tempo que o paciente leva para falar de certos assuntos. Poderíamos objetar que os pacientes muitas vezes desperdiçam a maior parte do seu tempo falando de coisas sem interesse, para não entrar no essencial. Mas isso mostra justamente a importância muito maior que para eles têm os assuntos secundários. O observador precisa se precaver em não fazer julgamento arbitrário, declarando como coisa secundária os verdadeiros interesses principais do paciente, baseado num pressuposto teórico subjetivo, mas ele tem que se ater totalmente aos critérios objetivos para a constatação dos valores. Assim, por exemplo, se uma paciente perde horas, queixando-se de suas empregadas, em vez de falar do conflito que, provavelmente com razão, o médico considere essencial, isso significa que o complexo das empregadas possui no momento um valor energético maior do que o conflito – talvez ainda inconsciente, e que este só se revelará no decorrer ulterior do tratamento como sendo o elemento nuclear, ou, então, que a inibição proveniente da posição consciente de grande valor ainda esteja mantendo o elemento nuclear no inconsciente por uma supercompensação.

3. *Pela intensidade de fenômenos afetivos concomitantes.* Existem meios objetivos de determinação para estes fenômenos, que na verdade não permitem a medição do grau afetivo, mas uma estimativa dos mesmos. A psicologia experimental forneceu-nos uma série de

---

19. Cf. "Über die Psychologie der Dementia praecox", p. 101ss. [OC, 3].

métodos. Além das medições de tempo – que determinam muito mais a inibição do processo de associações do que os afetos propriamente ditos –, dispomos em especial dos seguintes meios:

a) a curva do pulso[20];

b) a curva da respiração[21];

c) o fenômeno psicogalvânico[22].

As modificações dessas curvas são fáceis de reconhecer e nos permitem tirar conclusões aproximativas quanto à intensidade das causas da perturbação. Como a experiência nos mostrou suficientemente, também é possível produzir fenômenos afetivos na pessoa intencionalmente, através de estímulos psicológicos que sabemos ter uma profunda tônica afetiva no indivíduo em relação ao condutor do experimento[23].

Afora esses métodos experimentais, também dispomos de um sistema subjetivo altamente diferenciado para o conhecimento e avaliação de fenômenos afetivos no outro: Para isso existe um instinto de reconhecimento direto, que também existe altamente desenvolvido nos animais, não só em relação a sua própria espécie, mas também em relação aos seres humanos e aos outros animais. Esse instinto nos faz perceber a menor instabilidade de natureza emocional e nos confere uma sensibilidade extremamente aguçada para perceber a qualidade e a quantidade dos afetos em nossos semelhantes.

---

20. Cf. BERGER, H. *Über die körperlichen Äusserungen psychischer Zustände*. Iena: [s.e.], 1904. • LEHMANN, F.R. *Die körperlichen Äusserungen psychischer Zustände*. Lípsia: [s.e.], 1899.

21. PETERSON, F. & JUNG, C.G. "Psychophysical Investigations with the Galvanometer and Pneumograph in Normal and Insane Individuals". *Brain*, XXX, 1907. Londres. • NUNBERG, H. Über körperliche Begleiterscheinungen assoziativer Vorgänge. In: JUNG, C.G. *Diagnostische Assoziationsstudien*, II. Lípsia: [s.e.], 1909. • RICKSHER, C. & JUNG, C.G. "Further Investigations on the Galvanic Phenomenon". *Journal of Abnormal and Social Psychology*, II, 1907, p. 189-217. Albânia.

22. VERAGUTH, O. *Das psychogalvanische Reflexphänomen*. Berlim: [s.e.], 1909. • BINSWANGER, L. Über das Verhalten des psychogalvanischen Phänomens beim Assoziationsexperiment. In: JUNG, C.G. *Diagnostische Assoziationsstudien*, II. Lípsia: Bart.

23. Remeto o leitor aos meus *Diagnostischen Assoziationsstudien*, bem como *Collected Papers on Analytical Psychology*, cap. II [ambos em OC, 2].

2
A aplicação do ponto de vista energético

A O conceito psicológico da energia

A expressão "energia psíquica" já vem sendo utilizada há muito tempo. Em Schiller[24], por exemplo, já a encontramos. O ponto de vista energético, em Von Grot[25] e T. Lipps[26]. Lipps estabelece uma diferença entre energia psíquica e física, e Stern[27] deixa a questão dessa relação em aberto. A Lipps devemos uma separação entre o conceito de *energia psíquica* e *força psíquica*. Força psíquica é para Lipps a possibilidade em geral de surgirem processos na alma e atingirem certo grau de efeito. Energia psíquica, por outro lado, é "a possibilidade inerente aos próprios processos de atualizar essa força neles mesmos"[28]. Em outro lugar Lipps fala também de "quantidades psíquicas". Diferenciar força de energia é conceitualmente imprescindível, pois a energia é propriamente dito um conceito que não existe objetivamente no fenômeno em si, mas que existe sempre só na base específica da experiência, isto é, na experiência a energia está sempre especificamente presente como movimento e força, quando atualizada, e como situação ou condição, quando em potencial. Quando atualizada, a energia psíquica aparece nos fenômenos dinâmicos, específicos da alma, tais como instintos, desejos, vontade, afeto,

---

24. Schiller pensa, por assim dizer, energeticamente. Ele opera com ideias como "Traslado da intensidade", entre outras (*Über die ästhetische Erziehung des Menschen*).
25. Cf. GROT, N. "Die Begriffe der Seele und der psychischen Energie in der Psychologie". Op. cit.
26. LIPPS. T. *Leitfaden der Psychologie*. 2. ed. rev. Lípsia: [s.e.], 1912, p. 62 e 66ss.
27. STERN, W. *Über Psychologie der individuellen Differenzen*. Lípsia: [s.e.], p. 119ss.
28. *Leitfaden der Psychologie*. Op. cit., p. 62.

atenção, rendimento do trabalho etc., que são justamente forças *psíquicas*. Quando em potencial, a energia aparece nas conquistas específicas, nas possibilidades, disposições, atitudes etc., que são condições.

A distinção de energias especiais, como energia do prazer, energia do sentir, energia do contraste etc., feita por Lipps, não me parece conceitualmente admissível, pois as especificações da energia são precisamente as forças e as condições. A energia é um conceito quantitativo, que adiciona as forças e condições. Só estas últimas são determinadas qualitativamente, por serem conceitos que expressam qualidades levadas a efeito pela energia. O conceito de quantidade nunca pode ser qualitativo ao mesmo tempo, pois senão jamais permitiria representar as relações de força, o que, no fundo, é seu papel.

Como infelizmente não temos meios de provar cientificamente a existência de uma relação de equivalência entre a energia física e a psíquica[29], só nos resta desistir do modo de observação energética, ou então postular uma energia psíquica especial, o que é uma hipótese operacional perfeitamente viável. A psicologia tem o direito, tanto quanto a física, de formar seus próprios conceitos, conforme Lipps observava, contanto que o ponto de vista energético tenha validade em si, e isso não signifique apenas um aspecto dentro de uma conceituação global, conforme Wundt salienta com toda razão. Em nossa opinião, porém, um modo de observação energético dos fenômenos psíquicos é válido. E isso porque é impossível negar a existência justamente de relações quantitativas no domínio psíquico, as quais nos dão possibilidades de informação que a mera observação qualitativa não dá.

Se a psique consistisse unicamente – como desejam os psicólogos da consciência – de processos conscientes (embora, confessemo-lo, algo "obscuros"), poderíamos contentar-nos em postular uma "energia psíquica". Mas como temos a convicção de que os processos inconscientes também pertencem à psicologia, e não apenas à fisiologia do cérebro (como meros substratos), somos obrigados a colocar o

---

29. Maeder é até de opinião de que a "atividade criativa" excede no organismo e muito especialmente na psique "o gasto de energia". Ele também defende a opinião de que se deveria estabelecer para a psique, além do princípio da conservação e da entropia, ainda um terceiro princípio, o da integração (*Heilung und Entwicklung im Seelenleben*. Zurique: [s.e.], p. 59 e 69s.).

nosso conceito de energia sobre uma base mais ampla. Concordamos com Wundt inteiramente, quando diz que existem coisas obscuramente conscientes. Aceitamos também uma escala de clareza dos conteúdos conscientes; mas onde começa o negro, para nós não cessa a psique, mas ela continua no inconsciente. Também concedemos o seu lugar à fisiologia cerebral, na medida em que supomos que as funções inconscientes finalmente se transferem aos processos dos substratos, aos quais não podemos atribuir nenhuma qualidade psíquica, a não ser pelo caminho da hipótese filosófica de uma alma universal.

A delimitação do conceito de uma energia psíquica nos oferece certas dificuldades porque carecemos de qualquer possibilidade de separar pura e simplesmente o processo psíquico do *biológico*. O campo biológico comporta um modo de observação energético, tanto quanto o psíquico, na medida em que o biólogo o sinta útil e importante. Tal como no fenômeno psíquico, também não podemos provar com exatidão que o processo vital em geral tenha alguma relação de equivalência para com a energia física.

Se nos colocarmos no nível do senso comum científico, e nos abstivermos de amplas considerações filosóficas, é melhor compreender o processo psíquico simplesmente como um processo de vida. Desta forma estendemos o conceito restrito de uma energia psíquica para o conceito mais amplo de uma *energia de vida*, a qual engloba a chamada energia psíquica como componente específico. Com isso obtemos a vantagem de poder estender as relações quantitativas, além do âmbito restrito do psíquico para as funções biológicas. Assim, se for o caso, poderemos fazer justiça à relação "corpo e alma", indubitavelmente existente e já muito discutida.

O conceito de uma energia de vida nada tem a ver com o que chamamos de força vital, pois esta, enquanto força, nada mais seria do que uma especificação de uma energia universal. Com isso eliminaríamos o privilégio de uma bioenergética em relação à energética física e ignoraríamos um abismo ainda não preenchido entre o processo físico e o processo de vida. Eu sugeri designar por *libido* a hipótese da energia de vida, levando em conta a sua utilização psicológica, conforme propusemos, para diferenciá-la de um conceito universal de energia, e respeitando o privilégio da biologia e da psicologia de formar um conceito próprio. Com isso não quero de modo algum antecipar-me ao bioenergeticista, mas frente a ele admitir, sinceramente, que o *nosso* uso do termo libido foi utilizado propositalmente. Para seu uso, ele pode propor "bioenergia" ou "energia vital".

33   Neste ponto tenho que prevenir um possível mal-entendido. No presente ensaio não tenho a menor intenção de entrar numa polêmica sobre a questão do paralelismo psicofísico e da interação. Tais teorias são especulações sobre as possibilidades de o corpo e a alma atuarem juntos ou ao lado um do outro, e dizem respeito exatamente ao ponto que excluo das minhas reflexões, ou seja, à questão de saber se o processo psíquico de energia existe ao lado do processo físico ou está incluído nele. A meu ver não sabemos absolutamente nada a respeito. Juntamente com Busse[30], considero a interação possível e não encontro motivo algum para contrapor a esta condição possível a hipótese de um paralelismo psicofísico. É que ao psicoterapeuta – cujo campo de trabalho se situa precisamente na esfera crítica da interação de corpo e alma – lhe parece extremamente provável que o psíquico e o corporal não sejam dois processos que correm lado a lado, mas que estejam ligados por uma interação, muito embora a natureza própria desses processos ainda escape, por assim dizer, totalmente à nossa experiência. Para o filósofo deve ser indispensável aprofundar as discussões sobre esta questão, mas para uma psicologia empírica é recomendável limitar-se a materiais acessíveis pela experiência. Mas, assim como nós ainda não conseguimos incluir o processo da energia psíquica no processo físico, os nossos opositores também não conseguiram realizar com segurança a separação do processo psíquico do físico.

B A conservação da energia

34   Ao propor-nos estudar o processo da vida psíquica sob o ponto de vista energético, assumimos simultaneamente o compromisso de não nos contentarmos apenas em conceituá-lo, mas também de comprovar a sua utilização em relação ao material da experiência. Um modo de observação da energia é supérfluo se ficar provado que o seu postulado principal, ou seja, justamente o da "conservação da

---

30. BUSSE, L. *Geist und Körper, Seele und Leib*. Op. cit.

energia", não é utilizável. Neste ponto temos que diferenciar, de acordo com a proposta de Busse, o *princípio da equivalência* e o *princípio da constância*. O princípio da equivalência postula que "para cada energia gasta, empregada para gerar uma condição em algum lugar, surge, em outro lugar, uma quantidade igual da mesma, ou de outra forma de energia"; ao passo que o princípio da constância diz que "a energia total [...] se mantém sempre a mesma, não sendo, portanto, capaz nem de aumentar nem de diminuir"[31]. O princípio da constância é, portanto, uma consequência logicamente necessária, porém generalizante, do princípio da equivalência, não tendo por isso praticamente nenhuma importância, dado que a nossa experiência se baseia sempre em sistemas parciais.

Assim sendo, para a nossa tarefa, por ora só interessa o princípio da equivalência. No meu livro *Símbolos da transformação*[32] levantei a possibilidade de compreender certos processos de desenvolvimento e modificações semelhantes à luz do princípio da equivalência. Não quero voltar a falar aqui *in extenso* do que disse naquele trabalho, mas apenas salientar mais uma vez que a investigação de Freud sobre a sexualidade contribuiu enormemente para a nossa questão. Em lugar nenhum se vê melhor do que justamente na relação da sexualidade com o conjunto da psique como, após o desaparecimento de um *quantum* de libido, surge um valor correspondente sob outra forma. Infelizmente Freud supervalorizou o papel da sexualidade, o que aliás é compreensível. Isso o levou a reduzir à sexualidade também as transformações que correspondem a forças específicas da alma, diversas das coordenadas pela sexualidade. Acusaram-no por isso, não sem razão, de pansexualismo. A falha da visão de Freud consiste na unilateralidade, o que, aliás, é uma constante do ponto de vista mecanicista-causal, isto é, a *reductio ad causam* simplificadora, a qual, quanto mais simples e abrangente, menos fiel é ao significado do objeto analisado e reduzido. Os leitores atentos dos trabalhos de Freud perceberão facilmente a importância do papel desempenhado pelo princípio da equivalência na formação de suas ideias. Observa-se isso com maior nitidez em suas análises de casos, onde descreve

---

31. Ibid., p. 406s.
32. Nova edição: *Symbole der Wandlung*. Cf. sobretudo 2ª parte, cap. III [OC, 5].

as repressões e as formas que substituem os conteúdos reprimidos[33]. O profissional que clinica nessa área conhece o valor heurístico do princípio da equivalência, também no tratamento das neuroses; ainda que nem sempre seja utilizado de forma consciente, ele é usado intuitivamente: toda vez que algum valor consciente diminui ou desaparece – por exemplo, uma transferência – saímos imediatamente à procura de algo que o substitua, na esperança de ver surgir um valor equivalente em outro lugar. Encontrar o sucedâneo não é difícil, quando esse é um conteúdo da consciência. Acontece não raro, porém, que uma porção de libido desapareça, sem que, aparentemente, nenhum sucedâneo se forme. Nesse caso, o mesmo é inconsciente, ou melhor, o paciente não tem consciência – como costuma acontecer – de que aquele fato novo é o sucedâneo correspondente. No entanto, há casos em que uma quantia considerável de libido desapareça de todo, como se o inconsciente o tivesse engolido por inteiro, sem que se localize um novo valor criado a partir daí. Em tal caso, é recomendável ater-se estritamente ao princípio da equivalência, pois uma observação cuidadosa do paciente logo revelará indícios de uma atividade inconsciente, seja esta um agravamento de certos sintomas, seja um sintoma novo, sonhos peculiares, ou fragmentos de fantasia estranhos e fugazes, ou coisas do gênero. Se através da análise desses sintomas for possível trazer à consciência aqueles conteúdos escondidos, será sem dúvida possível comprovar que a porção de libido que desapareceu da consciência gerou uma forma no inconsciente, que apesar de toda diferença tem vários traços em comum com aqueles conteúdos conscientes que haviam perdido a sua energia. É como se a libido tivesse arrastado consigo certas qualidades para o inconsciente, o que muitas vezes é tão claro, que bastam essas características para reconhecermos de onde provém a libido ativadora do inconsciente.

36   Podemos dar disso exemplos convincentes e sobejamente conhecidos: quando a criança começa a se desligar interiormente dos pais surgem fantasias de pais substitutos. Tais fantasias são quase sempre transferidas a pessoas reais. Transferências desse tipo, porém, não se sustentam a longo prazo, uma vez que a pessoa, à medida que amadurece, tem que incorporar o complexo dos pais, ou seja, autoridade,

---

[33]. *Sammlung kleiner Schriften zur Neurosenlehre.*

responsabilidade e autonomia. Ela mesma terá que se tornar pai ou mãe. Outra esfera repleta de exemplos característicos é a da psicologia religiosa cristã. A repressão dos instintos (ou melhor, da *instintividade* primitiva, propriamente dita) leva a formações sucedâneas de caráter religioso, como "o amor de Deus", cujas características sexuais só um cego não pode ver.

Esta reflexão nos conduz a outra analogia com a teoria da energia física. É sabido que existe não só um *fator de intensidade*, como também um *fator de extensividade*, inerentes à teoria da energia. Este último é um ingrediente praticamente necessário ao puro conceito de energia. Serve de mediador da ligação do conceito da pura intensidade com o conceito da "quantidade" (por exemplo, quantidade de luz *versus* potência de luz). "[...] a quantidade, ou fator de extensividade da energia é inerente a uma forma [...] e não é transferível a outra sem que se transfiram partes da sua forma; o fator de intensidade, por seu lado, pode passar de uma forma a outra"[34]. O fator de extensividade dá, portanto, a determinação dinâmica da energia, sempre existente no fenômeno[35].

Assim sendo, também existe um fator de extensividade psicológica, que não pode passar a uma nova formação sem que se transfiram partes ou características da formação anterior à qual se achava vinculada. Chamei detidamente a atenção para esta propriedade da transformação energética em um trabalho anterior, onde eu mostrava que a libido, enquanto pura intensidade, não abandona uma forma, transferindo-se inteiramente a uma outra, mas transfere características das antigas funções para a nova[36]. Esta propriedade é tão evidente que até dá ensejo a conclusões errôneas, não só a teorias equivocadas, mas também a autoenganos de graves consequências: por ecemplo, a porção de libido de uma determinada forma sexual passa a outra forma, e nisso leva consigo certas especificidades de sua utilização anterior. Neste caso é natural pensar que a dinâmica da forma

---

34. Cf. HARTMANN, E. *Die weltanschauung der modernen Physik.* Op. cit., p. 5.
35. A física de hoje considera energia e massa como idênticas. Para os nossos fins, porém, esta constatação não é levada em conta.
36. Cf. *Symbole der Wandlung*, p. 260s. [OC, 5].

nova também seja sexual[37]. Ou a quantidade de libido de uma atividade espiritual passa a um interesse essencialmente material, sendo que o indivíduo acredita erroneamente que a forma nova seja de natureza espiritual. Em princípio, tal conclusão é falsa, pois leva em conta somente a relativa semelhança das duas formas, mas ignora a sua diferença tão essencial quanto a semelhança.

A experiência clínica nos ensina, de um modo bem geral, que uma atividade psíquica só pode ser substituída por outra equivalente; assim um interesse patológico, como ficar preso a um sintoma, só pode ser substituído por uma ligação igualmente intensa a outro interesse, razão pela qual nunca acontece que a libido se desligue do sintoma sem que o mesmo seja substituído. Se o sucedâneo tiver um valor energético menor, sabemos imediatamente que uma porção dessa energia deve ser encontrada em outra parte, se não na consciência, então em uma forma inconsciente de fantasia ou em sua perturbação das *parties supérieures* das funções fisiológicas (para servir-me de uma excelente expressão de Janet).

Independentemente dessas experiências clínicas já bem antigas, a concepção energética nos possibilita outra *construção teórica*. Segundo a visão causal de Freud, são invariavelmente as mesmas substâncias – os componentes sexuais – os fatores atuantes apontados pela interpretação com monótona regularidade, fato que certa vez o próprio Freud salientou. É evidente que o espírito da *reductio ad causam* ou *in primam figuram* nunca poderá fazer justiça à *ideia do desenvolvimento final* de tão grande importância psicológica, dado que toda mudança de estado nada mais é do que uma "sublimação" das substâncias básicas, sendo assim uma expressão imprópria para a mesma coisa antiga.

A ideia de um desenvolvimento só é possível quando a noção da substância imutável não é hipostasiada pela realidade assim chamada

---

37. Reduzir uma estrutura complexa à sexualidade só é válido como explicação causal se de antemão concordarmos que queremos explicar somente a função dos componentes sexuais em estruturas complexas. Contudo, só será possível aceitar a redução à sexualidade como explicação causal válida se presumirmos tacitamente que estamos tratando exclusivamente de uma estrutura sexual. Com isso estaríamos, porém, afirmando *a priori*, que uma estrutura complexa psíquica seja uma estrutura exclusivamente sexual; uma notória *petitio principii*! Também não se pode afirmar que a sexualidade seja o único impulso básico da alma, razão pela qual a referida explicação sexual só poder ser a explicação de um componente, jamais, porém, uma teoria psicológica satisfatória.

objetiva, quando a causalidade não é idêntica ao comportamento das coisas, pois a ideia do desenvolvimento requer a mutabilidade das substâncias. Estas, quando consideradas sob o ponto de vista energético, são sistemas de energia, em teoria ilimitadamente substituíveis e intercambiáveis, dentro do princípio da equivalência, bem como do pressuposto evidente da possibilidade de um declive. Aqui, como na visão da conexão causal e finalista, também chegamos a uma antinomia insolúvel pela projeção da hipótese energética, na medida em que a substância imutável não pode ser ao mesmo tempo um sistema de energia[38]. Para o ponto de vista mecanicista a energia adere à substância, razão pela qual Wundt fala de uma "energia do psíquico" que teria aumentado com o correr do tempo, não permitindo por isso o emprego das teorias da energia. Para o ponto de vista energético, ao invés, a substância nada mais é do que a expressão ou sinal de um sistema de energia. Esta antinomia só permanece insolúvel enquanto não soubermos que ao modo de ver as coisas correspondem a atitudes psicológicas. E estas, pelo visto, por coincidirem em certa medida com as condições do objeto, também têm seus pontos de vista utilizáveis na prática. Isso explica o fato de tanto os causalistas como os finalistas defenderem desesperadamente a validade objetiva de seu princípio, dado que o mesmo também é o princípio de sua atitude pessoal em relação à vida e ao mundo. Ninguém vai concordar em pôr em questão a validade de sua visão, pois ninguém – a não ser um tipo suicida – gostaria de serrar o galho no qual está sentado. Mas as antinomias inevitáveis resultantes da projeção de princípios logicamente justificados forçam a uma análise profunda da própria atitude psicológica, sendo esta a única maneira de evitar que o outro princípio logicamente justificado seja violentado. A antinomia deve ser resolvida por um *postulado antinômico*, por mais insatisfatório que isso possa ser para o concretismo do ser humano e por mais que o espírito científico resista a atribuir à chamada realidade uma irracionalidade misteriosa que, no entanto, é uma decorrência necessária do postulado antinômico[39].

---

[38]. Esta afirmação só é válida, naturalmente, para o âmbito macrofísico, onde existem leis "absolutas".
[39]. Cf. *Psychologische Typen*, p. 425ss. [OC, 6].

42   A teoria do desenvolvimento não subsiste sem o ponto de vista finalista, e o próprio Darwin trabalha com conceitos finalistas, como adaptação etc., o que Wundt ressalta devidamente. O fato concreto da diferenciação e desenvolvimento nunca poderá ser explicado completamente pela causalidade, pois demanda o ponto de vista finalista que o ser humano produz no decorrer de seu desenvolvimento psíquico, tanto quanto o causal.

43   A concepção finalista compreende as causas como sendo meios para atingir o fim. Um exemplo simples é a questão da *regressão*: ela é condicionada causalmente, por exemplo, pela "fixação na mãe". Mas do ponto de vista finalista, a libido regride para a *imago* da mãe, a fim de aí encontrar as associações de lembranças, através das quais o desenvolvimento pode evoluir de um sistema sexual para um espiritual, por exemplo.

44   A primeira dessas explicações não vai além do significado da causa e deixa de levar em conta, por completo, o significado da finalidade do processo da regressão. Desse modo o fenômeno cultural torna-se um mero substituto, justamente porque o incesto é impossível. A segunda explicação, porém, deixa entrever de antemão tudo que a regressão produzirá e ao mesmo tempo nos faz entender o que devem significar as imagens da memória, as quais foram reavivadas pela libido regressiva. É natural que o causalista considere esta última concepção incrivelmente hipotética, mas a "fixação na mãe" é censurada pelo finalista como sendo uma suposição arbitrária, que negligencia por completo a finalidade e só pode ser responsabilizada pelo reviver da *imago* da mãe. Adler, por exemplo, faz inúmeras críticas desse tipo à teoria de Freud. Tentei justificar – embora não explicitamente – ambos os pontos de vista em meu trabalho *Símbolos da transformação da libido*. Isso fez com que ambos os lados me levassem a mal por me posicionar de forma dúbia e pouco clara. Compartilho assim a sorte dos neutros em tempo de guerra, que muitas vezes até foram acusados de não agirem de boa-fé (*bona fides*).

45   O que é *fato* para o modo causal de observação é *símbolo* para o modo finalista de conceber as coisas, e vice-versa. Tudo o que é *verdadeiro* para um, é *falso* para o outro. Por isso temos que nos dar por satisfeitos com o postulado antinômico e considerar o mundo *também* como fenômeno psíquico. Sem dúvida, para a ciência é indis-

pensável saber como as coisas são "em si", mas a ciência também não pode ignorar as condições psicológicas do conhecimento, e a psicologia em especial ainda tem que tomar consciência destas condições. Dado que a alma também possui o ponto de vista finalista, é psicologicamente inadmissível que lidemos com o fenômeno psíquico de modo exclusivamente causal, pois é isso que leva à conhecida monotonia das interpretações.

A concepção simbolista das *causae* (das causas), mediada pela observação energética dos fenômenos, é uma necessidade para a diferenciação da alma. Pois, sem uma concepção simbolista dos fatos, os mesmos são substâncias imutáveis, cujos efeitos não cessam, como acontece, com a antiga teoria do trauma de Freud. A causa não permite o desenvolvimento. Para a alma, a *reductio ad causam* (redução à causa) é o oposto do desenvolvimento, ela prende a libido aos fatos elementares. Do ponto de vista racional, esta é a única coisa aceitável; do ponto de vista da alma, porém, é o não vivente, é desoladora monotonia. É evidente que não estamos contestando o fato de que o agarramento da libido aos fatos causadores é indispensável para muitas pessoas. Na medida em que é satisfeita esta exigência, a alma não pode ficar retida aí, mas tem que continuar sua evolução, transformando as causas em meios para atingir um fim, ou seja, em expressões simbólicas para um caminho a ser percorrido. O significado exclusivo da causa, ou seja, seu valor energético, desaparece assim, reaparecendo no símbolo, cuja força de atração representa a porção de libido correspondente. O valor de uma causa jamais deve ser suprimido pelo estabelecimento de uma meta arbitrária e racional. Este é sempre um recurso provisório.

O desenvolvimento anímico não pode dar-se unicamente através da intenção e da vontade, mas necessita o símbolo *atrator*, cujo *quantum* de valor ultrapassa o da causa. A formação do símbolo também não pode sobrevir antes que a alma se detenha por um tempo suficiente nos fatos elementares, isto é, o tempo necessário, até que o processo de vida – por uma necessidade interna ou externa – acarrete uma transmutação da energia. Se a vida do ser humano transcorresse apenas instintiva e automaticamente, as transposições poderiam ocorrer segundo leis puramente biológicas. Isso, de certa forma, ainda é observável na vida anímica dos povos primitivos, que é ao mesmo tempo concreta e bem simbólica. No homem civilizado, o racionalismo da consciência – aliás, tão útil em outras circunstâncias – acaba sendo o maior obstáculo para que as transposições de energia fluam sem atrito. Isso porque a razão, para não encarar sua insuportável antinomia, sempre se coloca de um lado ou de outro e, uma vez escolhidos os seus valores, procura agarrar-se convulsivamente a eles. Aliás, isso não vai deixar de acontecer enquanto o fato da razão humana for encarado como "substância imutável", o que exclui a possibilidade de sua concepção simbolista. A razão, porém, só é relativa e se anula a si mesma em suas antinomias. Ela *também* é apenas um meio para se atingir um fim – uma expressão simbólica para o ponto de transição de uma via de desenvolvimento.

C A entropia

48   O princípio da equivalência é, por assim dizer, uma das proposições mais importantes da energética; a outra, seu complemento necessário, é o *princípio da entropia*. As transposições de energia só são possíveis devido às diferenças de intensidade existentes. Segundo a proposição de Carnot, o calor só pode transformar-se em trabalho quando é transferido de um corpo mais quente a um mais frio. O trabalho mecânico, porém, transforma-se continuamente em calor. E este, devido a sua baixa intensidade, não pode voltar a ser transformado em trabalho. Assim sendo, um sistema energético fechado vai pouco a pouco equalizando suas diferenças de intensidade numa temperatura constante, o que torna impossível qualquer modificação ulterior. Esta é a chamada *morte térmica*.

49   Nós só conhecemos o princípio da entropia pela experiência como princípio de processos parciais, representando um sistema relativamente fechado. Inclusive a psique pode ser considerada como um sistema, assim, relativamente fechado. Suas transposições de energia também levam a uma equalização das diferenças, a qual, segundo a formulação de Boltzmann[40], transfere um estado de improbabilidade em um de probabilidade, o que, no entanto, limita cada vez mais a

---

40. BOLTZMANN, L. *Populäre Schriften*. Lípsia: [s.e.], p. 34.

possibilidade de transformações ulteriores. Isto é observado, por exemplo, no processo da formação de uma atitude constante e relativamente estável. Após fortes oscilações iniciais, os opostos vão se equilibrando, e pouco a pouco surge uma nova atitude, cuja estabilidade resultante é tanto maior quanto maiores eram as diferenças iniciais. Quanto maior a tensão dos opostos, tanto maior é a energia produzida; e quanto maior a energia, tanto mais forte é a força de atração constelada. A essa atração maior corresponde uma extensão maior do material psíquico constelado e, quanto mais extenso for, mais se reduzirá a possibilidade de futuras perturbações, que poderiam resultar de diferenças com um material não constelado anteriormente. Por esse motivo, uma atitude produzida por amplas compensações é particularmente estável.

A experiência psicológica quotidiana fornece provas da exatidão da seguinte proposição: os mais graves conflitos, quando superados, deixam uma segurança e tranquilidade difícil de perturbar ou então uma ruptura, quase impossível de curar, e vice-versa: são justamente as maiores oposições e sua conflagração que vão produzir resultados valiosos e estáveis. Como só os sistemas relativamente fechados são acessíveis à nossa experiência, não estamos em condições de observar em lugar algum uma entropia psicológica absoluta. Mas quanto mais forte for o fechamento do sistema psicológico, tanto mais pronunciado chegará a ser o fenômeno da entropia[41]. Vemo-lo especialmente no caso das perturbações mentais que se caracterizam por um isolamento acentuado do mundo ambiente. Devemos com certeza considerar o chamado "embrutecimento afetivo" da demência precoce, ou esquizofrenia, como fenômeno de entropia. Da mesma forma devem ser entendidos todos os chamados fenômenos degenerativos que se desenvolvem em atitudes psicológicas que se fecham por muito tempo à conexão com o mundo. Enquadram-se igualmente nesses sistemas psicológicos relativamente fechados os processos *dirigidos pela vontade*, como o pensamento e o sentimento dirigidos. Estas funções baseiam-se no princípio da exclusão daquilo que não serve, que poderia provocar um desvio da direção escolhida. Os elementos "aces-

---

41. Um sistema é absolutamente fechado quando qualquer alimentação de energia externa se tornar impossível. Só neste caso pode ocorrer entropia.

sórios" equilibram-se reciprocamente e, enquanto isso, estão protegidos de influências externas perturbadoras. Depois de um tempo, os mesmos alcançam seu estado verossímil, cuja firmeza se prova, por exemplo, por uma ideia "fixa" ou por uma visão de mundo "à qual se acostumou" etc. O quanto estas coisas estão fixas pode ser medido por aquele que tenta desfazer tais ideias formadas, livrar-se de um preconceito ou modificar uma maneira de pensar. Na história da civilização tais mudanças podem até custar rios de sangue. No entanto, na medida em que um fechamento absoluto é impossível (excetuando-se talvez casos patológicos), o processo energético prossegue como desenvolvimento, em decorrência da "perda de atrito" devido a uma intensidade decrescente, com um declive menor.

51   Esta maneira de ver as coisas é sobejamente conhecida. Costuma-se falar das "tempestades da juventude", que dão lugar ao "repouso da idade". Fala-se de "convicções firmes", após os "conflitos da dúvida", em "equilibrar tensões internas" etc. Este é o modo involuntário da visão energética que todos têm. Para o psicólogo científico, porém, este modo de ver é infundado, uma vez que não se sente obrigado a avaliar valores psicológicos. Para a psicologia fisiológica, este problema nem se coloca, pois ela se preocupa com o lado fisiológico da psicologia, como o próprio nome diz. A psiquiatria, como se sabe, é meramente descritiva frente à psicologia e até há pouco tempo não dava a menor importância à causalidade psicológica, chegando mesmo a negá-la. Ficou reservado à psicologia analítica levar em consideração também o ponto de vista energético, pois a postura mecanicista-causal da psicanálise freudiana não basta para fazer justiça ao fato dos *valores* psicológicos. O valor exige um conceito explicativo quantitativo, que jamais poderá ser substituído por um conceito qualitativo, como a sexualidade, por exemplo. Um conceito qualitativo designa, ao invés, sempre uma coisa, uma substância; um conceito quantitativo, por seu lado, designa sempre uma relação de intensidade e jamais uma substância ou coisa. Um conceito qualitativo que não designa substância ou coisa alguma é mais ou menos uma exceção arbitrária; incluo nisso também um conceito de energia qualitativo, hipostasiado. A explicação científica causal necessita às vezes de tais suposições; no entanto, elas não podem ser usadas a fim de tornar supérflua uma visão energética. Inversamente, o mesmo vale para a energética, que por vezes mostra uma tendência a negar a substân-

cia, para tornar-se puramente teleológica ou finalista. Um conceito qualitativo colocado para a energia é inadmissível, pois seria uma especificação da energia, que, na realidade, é uma força. Na biologia seria um vitalismo; na psicologia, um sexualismo (Freud), ou um outro "ismo" qualquer, na medida em que se poderia provar que os pesquisadores reduzem a energética do conjunto da psique a uma determinada força ou instinto. Os instintos, porém, como já dissemos, são especificações. A energia fica acima como um conceito de relação e, simplesmente, não quer expressar nada mais do que as relações dos valores psicológicos.

D Energetismo e dinamismo

Tudo que até aqui dissemos sobre a energia refere-se a um conceito *puro* da energia. A energia – tal como o seu correlato, o conceito do tempo – é um modo de ver[42] dado de imediato, apriorístico por um lado, mas, por outro, um *conceito concreto*, *aplicado ou empírico*, abstraído da experiência, como todo conceito científico explicativo[43]. O conceito aplicado de energia refere-se sempre ao comportamento das forças, das substâncias em movimento, porque a energia da *experiência* não é acessível de outra forma, a não ser justamente pela observação do comportamento de substâncias em movimento. Por isso falamos de energia elétrica etc., praticamente, como se a

---

42. Por isso a sua ideia é tão antiga quanto a humanidade. Encontramo-la já nas intuições básicas dos primitivos. Cf. LEHMANN, F.R. *Mana*, e minhas dissertações. In: *Über die Psychologie des Unbewussten* [OC, 7]. • H. Hubert e M. Mauss (*Mélanges d'histoire des religions, préface*, p, XXIXs.) denominam mana também uma categoria do entendimento. Transcrevo literalmente as suas palavras: "Constamment présentes dans le langage, sans qu'elles y soient de toute nécessité explicites, [les catégories] existent d'ordinaire plutôt sous la forme d'habitudes directrices de la conscience, elles-mêmes inconscientes. La notion de *mana* est un de ces principes: elle est donnée dans le langage; elle est impliquée dans toute une série de jugements et de raisonnements, portant sur des attributs que sont ceux du mana, nous avons dit que le mana est une catégorie. Mais le mana n'est pas seulement une catégorie spéciale à la pensée primitive, et aujourd'hui, en voie de réduction c'est encore la forme première qu'ont revêtue d'autres catégories qui fonctionnent toujours dans nos esprits: celles de substance et de cause".

43. Para mais pormenores remeto o leitor ao meu livro *Psychologische Typen*, p. 436ss. e 63ss. [OC, 6].

energia fosse sempre uma força definida. É dessa mistura do conceito empírico ou aplicado com a forma de ver o fenômeno que surgem aquelas constantes confusões entre "energia" e "força". Da mesma forma o conceito de energia psicológica não é puro, mas ele é também um conceito concreto e aplicado, que se opõe à nossa observação como "energia" sexual, vital, espiritual moral etc.; em outras palavras, sob a forma do instinto de natureza dinâmica, inconfundível, que justifica a nossa abordagem do paralelismo com as forças físicas.

53 *Devido à aplicação do conceito puro nas matérias da experiência, ocorre necessariamente uma concretização ou ilustração do conceito*, o que dá a impressão de que o conceito também supõe uma substância. É o caso, por exemplo, do conceito do éter físico, que, embora seja um conceito, foi inteiramente manipulado como substância. Este equívoco é inevitável, visto que somos incapazes de imaginar um *quantum* concretamente, a não ser que trate de um *quantum* de algo. Este algo é a substância. Por isso todo conceito aplicado é inevitavelmente hipostasiado, mesmo contra a nossa vontade, mas não podemos esquecer jamais que, sem dúvida alguma, estamos lidando com um conceito.

54 Propus designar o conceito de energia que utilizamos na psicologia analítica pela palavra "libido". A escolha da palavra pode não ser ideal em alguns aspectos; no entanto, parece-me que esse conceito merece o nome de libido, já por razões historicamente justas. Pois foi Freud quem realmente observou pela primeira vez as conexões psíquicas dinâmicas e as representou coerentemente, servindo-se da expressão confortável de libido, aliás com uma definição especificamente sexual, correspondente a seu ponto de partida geral, que é justamente a sexualidade. Além de "libido", Freud também utiliza as expressões "pulsão" (pulsões do eu) e "energia psíquica" (na *Interpretação dos sonhos*, por exemplo). Como Freud se limita por assim dizer exclusivamente à sexualidade e suas numerosas ramificações na psique, a definição sexual da energia, como uma força impulsiva específica, é suficiente para o seu trabalho. Em vista de uma teoria psicológica geral, no entanto, é impossível utilizar uma energia apenas sexual, isto é, um impulso específico como conceito de explicação, uma vez que a transposição da energia psíquica não é apenas uma *dinâmica sexual*. A dinâmica sexual é, no âmbito total da psique, ape-

nas um caso específico. Com isso não negamos a sua existência, só que ela é colocada em seu devido lugar.

Como para o modo de ver, o conceito aplicado de energia é imediatamente hipostasiado nas forças anímicas (nos instintos, afetos e outros processos dinâmicos) o uso da palavra "libido" é a meu ver excelente para a sua apreensão concreta, pois há muito outros vêm se servindo de nomes semelhantes, como por exemplo a "vontade" de Schopenhauer, a ὁρμή de Aristóteles, o "Eros" de Platão, o "amor e ódio dos elementos" de Empédocles, ou o "élan vital" de Bergson. Nesses conceitos só procurei entender o que o nome queria dizer, e não sua definição conceitual. O fato de haver omitido um esclarecimento mais cuidadoso sobre o assunto em meus livros anteriores suscitou, infelizmente, muitos mal-entendidos; a maioria até me atribuía um tipo de formação conceitual vitalista.

Como já disse, não associo à palavra "libido" nenhuma definição sexual[44], mas com isso não estou negando a existência de uma dinâmica sexual, nem a de qualquer outra dinâmica, como o instinto da fome, por exemplo. Em 1912 já chamava a atenção para o fato de eu conceber um impulso de vida geral, chamado libido, e que eu usava em lugar do conceito de "energia psíquica", utilizado em minha *Psicologia da demência precoce*. Cometi então um pecado de omissão, por apresentar o conceito apenas em seu aspecto psicológico, sem levar em conta o da metafísica: presto esse esclarecimento agora no presente trabalho. Ao limitar o conceito de libido a sua forma inteligível também lidei com ele como se fosse hipostasiado. Neste sentido assumo a culpa dos mal-entendidos. Por isso declarei expressamente um tempo depois, em minha *Exposição da teoria psicanalítica*, em 1913, *"que a libido com a qual operamos, além de não ser concreta ou conhecida, é propriamente uma incógnita, uma pura hipótese, uma imagem ou um tento no jogo, tão inapreensível concretamente quan-*

---

44. A palavra latina "libido" não tem de maneira alguma um sentido exclusivamente sexual, e sim o significado amplo de avidez, desejo, impulso. Comprovações pormenorizadas in: *Wandlungen und Symbole der Libido*, p. 119 (nova edição: *Symbole der Wandlung*, p. 213ss.) [OC, 5].

to a energia do mundo das representações físicas"[45]. Libido nada mais é, portanto, do que uma expressão abreviada de um "modo de observar energético", pois nunca será possível operar com conceitos puros quando fazemos uma exposição explicativa, a não ser que consigamos expressar um dia, matematicamente, o fenômeno. Mas enquanto isso não for viável, o conceito utilizado na observação será sempre, automaticamente, hipostasiado pelo material da experiência.

57 Temos que mencionar mais outro ponto pouco claro, resultante do uso que se faz para o entendimento do conceito de libido e do conceito de energia em geral; trata-se, no âmbito da inteligibilidade, da confusão inevitável entre a energia e o conceito de causa e efeito, que é um conceito dinâmico e não energético.

58 A visão causal-mecanicista vê a sequência dos fatos **a-b-c-d** da seguinte maneira: **a** produz **b**, **b** produz **c** etc. Assim sendo, a noção do efeito tem uma conotação qualitativa, é portanto uma *vitus* (em virtude) da causa, ou, em outras palavras, é uma *Dynamis* (dinâmica); a visão finalista energética, por seu lado, a vê do seguinte modo: **a-b-c** são meios de transposição energética, que fluem, sem causa do **a** – estado improvável –, passando por **b-c** entropicamente para o estado provável. Nisso prescinde-se inteiramente do efeito da causa, e só são consideradas as intensidades do efeito. Na medida em que as intensidades são as mesmas, podemos colocar **w-x-y-z** em vez de **a-b-c**.

59 A matéria da experiência é, pois, em ambos os casos, a sequência **a-b-c-d**, porém com uma diferença: há um dinamismo derivando da causa e efeito considerados, na visão mecanicista, ao passo que na visão energética é levada em consideração a equivalência da ação transmutada ao invés da causa e efeito: ambas observam a sequência **a-b-c-d**, só que uma a considera qualitativamente e a outra, quantitativamente, ou seja, outra maneira de ver. A observação causal abstrai o conceito dinâmico dos dados da experiência, ao passo que a observação finalista aplica o seu conceito puro de energia na esfera do entendimento, e *igualmente* permite sua transformação numa *dynamis*. Apesar de suas diferenças epistemológicas, ambas "absolutamente

---

45. Cf. *Versuch einer Darstellung der psychoanalytischen Theorie*, p. 54s. [OC, 4V].

absolutas", os dois modos de encarar a matéria misturam-se inevitavelmente no conceito de força, quando a postura causal abstrai a percepção pura da *qualitas* (qualidade) eficaz para o conceito da *dynamis* (dinâmica), e quando a postura finalista permite que o seu conceito puro se torne concreto através da aplicação. Por isso o mecanicista fala da "*energia do psíquico*", e o energeticista, por seu lado, da "*energia* psíquica". O que acabamos de dizer deveria deixar claro que um e o mesmo processo assume a cada vez aspectos totalmente diversos, à luz das diferentes maneiras de observá-lo.

3
Os conceitos básicos da teoria da libido

A Progressão e regressão

60   Um dos fenômenos energéticos mais importantes da vida anímica é sem dúvida a progressão e a regressão da libido. Entenda-se, para começar, que progressão é o dia a dia do caminhar evolutivo do processo psicológico de adaptação. Como se sabe, a adaptação nunca termina, embora a tendência seja acreditarmos que termine porque confundimos a nova atitude atingida com a verdadeira adaptação. Nós somente conseguimos satisfazer à exigência da adaptação mediante uma atitude orientada correspondente. O trabalho da adaptação realiza-se, portanto, em duas etapas: 1) Chegar à nova atitude. 2) Completar a adaptação por meio da nova atitude. A atitude para com a realidade é algo extraordinariamente persistente, mas, por mais persistente que seja o *habitus*, o seu trabalho de adaptação efetivo é inversamente menor. Esta é a consequência necessária da constante modificação do ambiente e da nova adaptação por ela condicionada.

61   A *progressão* da libido consistiria assim em dar contínua satisfação à exigência das condições do ambiente. Como essa realização só pode ser conseguida mediante uma nova atitude – e esta, por ser uma atitude, é necessariamente orientada e unilateral –, pode ocorrer facilmente que a atitude não mais cumpra com a exigência da adaptação, devido a modificações sucedidas nas condições externas que demandam outra atitude, diferente da existente. Assim, a atitude sensível, que procura atender às exigências da realidade por meio da intuição, pode facilmente deparar com uma condição que só pode ser satisfeita mediante uma atitude mental, isto é, uma anterior compreensão racional. Neste caso, a atitude intuitiva é ineficiente. E assim tam-

bém cessa a progressão da libido. Extingue-se o sentimento de vida anteriormente existente, e em compensação aumenta desagradavelmente o valor psíquico de certos conteúdos do consciente, conteúdos e reações subjetivas tomam a frente, o estado torna-se carregado de afetos e tendente a explosões. Tais sintomas significam um *represamento da libido*. Este estado de represamento caracteriza-se sempre pela *desagregação dos pares de opostos*. Durante a progressão da libido os pares de opostos estão unidos no decorrer coordenado dos processos psicológicos. Sua ação conjunta possibilita a regularidade equilibrada do processo, que se tornaria unilateral e despropositado sem uma ação contrária interior. Esta é a razão por que concebemos toda extravagância e exagero como uma perda de equilíbrio, visto que fica faltando a ação coordenada do impulso oposto. Pertence, portanto, à essência da progressão – que é o trabalho de adaptação bem-sucedido – que o impulso e o contraimpulso, o Sim e o Não, cheguem a uma ação e influência recíprocas regulares. Verificamos, por exemplo, este ajustamento e união dos pares de opostos durante o processo de reflexão que precede uma grave decisão. No caso de um represamento da libido, em que a progressão se tornou impossível, o Sim e o Não não podem mais unir-se num ato coordenado, dado que o Sim e o Não adquirem valores iguais, que se equilibram reciprocamente. Quanto mais durar o represamento, tanto mais se elevará o valor das posições opostas, que de acordo com isso se enriquecem com associações, incorporando sempre novos territórios do material psíquico. A tensão leva ao conflito; o conflito leva à tentativa de reprimir-se reciprocamente, e, quando se consegue suprimir o partido oposto, instala-se a *dissociação*, a "cisão da personalidade", o desacordo consigo mesmo, criando assim a possibilidade da neurose. Os atos resultantes deste estado são descoordenados, i.e., patológicos, e adquirem o aspecto de ações sintomáticas; embora, normalmente, sejam parcialmente determinados, eles se baseiam, por outro lado, no oposto reprimido, o qual, diversamente do fenômeno progressivo, não age de forma equilibradora, mas age ao contrário, o que não favorece o efeito, mas o perturba.

    A luta dos opostos prosseguiria indefinidamente de modo infrutífero se com a deflagração do conflito não iniciasse o processo da *regressão*, ou seja, o movimento retrógrado da libido. Através do embate dos opostos começa uma desvalorização gradual dos pares de opostos. A perda de valor vai aumentando continuamente, e esta é a única coisa que a consciência registra. Esta perda de valor significa o mesmo que a regressão. Acontece que na mesma medida em que aumenta a perda de valor dos opostos conscientes, aumenta o valor de todos aqueles processos psíquicos, os quais, devido à adaptação, não são levados em conta, e nunca, ou raramente, atingem o nível consciente. Esses elementos psíquicos – que devido à adaptação ao ambiente não são levados em consideração – são, sobretudo, elementos inconscientes. A valoração dos panos de fundo da consciência (obscuramente conscientes), bem como do inconsciente, vai crescendo, e, consequentemente, é de se esperar que o inconsciente adquira uma maior influência sobre a consciência. Os valores inconscientes, devido à inibição que a consciência exerce sobre o inconsciente, a princípio só se manifestam indiretamente. A inibição a que são submetidos é uma consequência da orientação exclusiva dos conteúdos conscientes. (A inibição é o mesmo que Freud chama de "censura".) A manifestação indireta do inconsciente sucede sob a forma de perturbações da vazão consciente, na experiência das associações, sob a forma de indícios de complexos, ou, então, sob a forma de condutas sintomáticas descritas pela primeira vez por Freud, em estados neuróticos, sob a forma de sintomas.

À medida que a regressão aumenta o valor daqueles conteúdos, anteriormente excluídos do processo de adaptação consciente e que na maioria dos casos permaneciam "obscuramente conscientes" ou inteiramente inconscientes, os elementos psíquicos são forçados a ultrapassar o limiar da consciência, elementos estes que sempre se mantiveram afastados da função da orientação consciente, por serem reconhecidamente inúteis para os fins da adaptação. Os escritos de Freud dão-nos farta informação sobre o tipo desses conteúdos; não são apenas conteúdos sexuais infantis, mas, de modo geral, são conteúdos e tendências incompatíveis de natureza imoral, ou não estética, irracional, isto é, imaginária. Esse caráter de notória inferioridade em relação à adaptação deu ensejo à desqualificação do fundo da alma[46], comum nos escritos psicanalíticos. Numa visão superficial, o

---

46. Um pouco à maneira do velho Hudibras, cuja opinião Kant menciona (in: *Träume eines Geistersehers*, III Hauptst.): "Quando se desencadeia um turbilhão hipocondríaco nas vísceras, tudo vai depender da direção que tomar: se for descendente, torna-se uma m...; se for ascendente, torna-se uma visão ou uma inspiração divina".

que a regressão traz à luz é realmente um fundo de lodo. Mas se não nos detivermos numa observação e avaliação superficial dos materiais trazidos à tona, e renunciarmos ao julgamento fundado num preconceito ou num padrão segundo as aparências, então descobriremos que neles podemos vislumbrar não só restos incompatíveis – e por isso rejeitados – da vida cotidiana, ou tendências condenáveis do homem animalesco primitivo, mas que neles também jazem os germes de novas possibilidades de vida[47]. Um dos maiores valores da psicanálise consiste precisamente no fato de ela trazer à luz, corajosamente, os conteúdos incompatíveis, o que seria um empreendimento inteiramente inútil, e até condenável, se essas coisas reprimidas não contivessem as possibilidades de uma renovação existencial. Sabemos que isso é assim e tem que ser assim, não só pela vasta experiência clínica, como também podemos tirar nossas próprias conclusões a partir da reflexão abaixo.

O processo da adaptação exige uma função orientada conscientemente, que é caracterizada por ser internamente procedente e ter uma coerência lógica. Já vimos que, como a função é orientada, tudo que não convém deve ser excluído, exatamente para manter a direção. Aquilo que não convém sucumbe à inibição e, assim, deixa de ocupar a atenção. A função de adaptação consciente e dirigida é apenas *uma*, pois, se a minha atitude é "pensamento", não posso ao mesmo tempo posicionar-me a partir do "sentimento", porque pensar e sentir são duas funções completamente diferentes. Para atender às leis lógicas do pensar tenho que excluir cuidadosamente o sentir, a fim de que este não perturbe o processo do pensamento. Neste caso, subtraio na medida do possível a libido do processo do sentir, razão pela qual esta função incorre numa relativa inconsciência. A experiência nos ensina que a postura é predominantemente a habitual, e por isso as outras funções não convenientes – na medida em que se incompatibilizam com a atitude prevalecente – são relativamente inconscientes. Assim sendo, não são utilizadas, não exercitadas, indiferenciadas e, por coexistirem, são necessariamente associadas aos demais conteúdos do inconsciente a cuja inferioridade e incompatibili-

---

47. O médico, profissionalmente farto de inadequações neuróticas, torna-se cético. Mas um julgamento generalizado feito a partir do ângulo patológico tem o inconveniente de sempre sair torto.

dade já fiz alusão. Eis por que tais funções aparecem ao serem ativadas pela regressão, atingindo a consciência de uma forma, por assim dizer, incompatível e, de algum modo, desfiguradas e encobertas pelo lodo do fundo.

65 Se lembrarmos que o motivo do bloqueio da libido foi a falha da atitude consciente, poderemos compreender que os conteúdos inconscientes ativados pela regressão são valiosos germes: eles contêm os elementos pertencentes àquela outra função, excluída pela postura consciente, que seria capaz de complementar ou substituir eficazmente a insuficiente atitude consciente. Ao falhar o "pensamento" enquanto função de adaptação – quando se trata de uma situação à qual só podemos adaptar-nos pelo "sentimento" –, o material inconsciente ativado pela regressão contém justamente a função "sentimento" que está faltando, só que ainda embrionária, ou seja, arcaica e não desenvolvida. Da mesma maneira, no tipo oposto, a regressão vai ativar no inconsciente uma função de "pensamento" efetivamente compensatória para a função de "sentimento" consciente que falhou.

66 Porque a regressão ativa um fato inconsciente, ela faz com que a consciência se defronte com o problema da alma, diante do problema da adaptação externa. É natural que a consciência resista à aceitação dos conteúdos regressivos, mas ela será finalmente obrigada a submeter-se àqueles valores regressivos porque a progressão fica impossibilitada; em outras palavras: a regressão leva à necessidade de adaptação à alma, ou seja, ao mundo psíquico interior.

67 A adaptação ao meio ambiente pode falhar devido à unilateralidade da função adaptativa, assim como o ajustamento ao mundo interior também pode não dar certo devido à unilateralidade da função, que a ela se dedica. Por exemplo, se o represamento da libido ocorrer por causa de uma falha da atitude do "pensamento" frente à exigência externa da adaptação, e se então a função inconsciente do "sentimento" foi ativada pela regressão, neste caso, existe primeiro apenas uma "intuição" do mundo interno, o que, para começar, pode ser suficiente. Mas a "intuição" não bastará por muito tempo, e a função do "pensamento" também terá que ser convocada, exatamente como foi necessário convocar o oposto em relação ao mundo externo. Assim sendo, uma atitude totalmente voltada para o mundo interno tornar-se-á indispensável, e isso pelo tempo necessário até

atingir o ajustamento. Assim que este for alcançado, a progressão poderá retomar.

O princípio da progressão e regressão é ilustrado pelo mito do dragão-baleia[48] elaborado por Frobenius, conforme expus detalhadamente em meu livro *Wandlungen und Symbole der Libido*. O herói é o ator simbólico do movimento da libido. O desaparecer no dragão representa a direção rumo à regressão. A viagem para o Oriente (a viagem noturna) e os fatos daí decorrentes simbolizam o trabalho de adaptação frente às condições do mundo psíquico interno. O ser completamente tragado e o desaparecer do herói na barriga do dragão representam a renúncia completa a posicionar-se no mundo exterior. O dominar o monstro a partir de dentro é o trabalho de ajustamento às condições do mundo interno. O sair do corpo (eclodir/nascer) com a ajuda do pássaro – que é simultaneamente um nascer do sol – é a retomada da progressão.

É sintomático que, durante o tempo em que o herói permanece engolido, o monstro inicia a viagem noturna *para o Leste*, isto é, em direção ao nascer do sol, o que, na minha opinião, caracteriza o fato de que a regressão não significa necessariamente um *recuo*, no sentido de um *retrocesso* ou uma *degeneração*, mas sim, muito mais, uma fase necessária à evolução, em que, no entanto, a pessoa não tem consciência de tratar-se de um estágio do desenvolvimento, uma vez que se encontra numa posição forçada, que se apresenta como uma volta à primeira infância ou até ao estado embrionário no ventre materno propriamente dito. Só no caso de o ser humano permanecer neste estado é que podemos falar em retrocesso, involução ou degeneração.

Da mesma maneira, não podemos confundir *progressão* com *evolução*, pois o fluxo contínuo, ou o decorrer da vida, não é necessariamente evolução ou diferenciação, uma vez que desde os primórdios, certas espécies animais ou vegetais estacionaram, digamos assim, no mesmo estágio da diferenciação, e mesmo assim continuam vivas. Assim também a vida anímica humana pode ser progressiva sem evolução e regressiva sem involução. Evolução e involução, em princípio, nada têm a ver com progressão e regressão, dado que estas

---

48. FROBENIUS, L. *Das Zeitalter des Sonnengottes*. Berlim: [s.e.], 1904.

últimas são simples movimentos da vida que, apesar de seu movimento, têm caráter estacionário. Elas correspondem àquilo a que Goethe deu o belo nome de sístole e diástole[49].

71 Já foram levantadas muitas objeções à ideia de se conceber o mito como representando realidades psicológicas. Como se sabe, não é fácil abrir mão da opinião de que o mito seja um tipo de alegoria explicativa de processos astronômicos, meteorológicos ou vegetativos. É difícil negar a coexistência de tendências explicativas, pois há demasiadas provas contundentes de que o mito também tem um sentido explicativo, mas isso não responde à pergunta por que a explicação do mito é justamente assim, "alegorizante". Entende-se, sem dúvida, onde o primitivo vai buscar esse material explicativo. E, além disso, não podemos esquecer o fato de que a necessidade da causalidade para o primitivo não é nem de longe tão pronunciada quanto a nossa. De certo modo, para ele é muito mais importante fabular do que explicar. Junto aos nossos pacientes, podemos ver, digamos que diariamente, como se formam as fantasias míticas: elas não são inventadas, mas se impõem a eles, vindas do inconsciente, sob a forma de imagens ou séries de representações e, quando relatadas, elas assumem muitas vezes o caráter de episódios conectados com o valor de representações míticas. Deste mesmo modo surgem os mitos, e por isso as fantasias, que se originam no inconsciente, também têm tanta coisa em comum com os mitos primitivos. Mas na medida em que o mito nada mais é do que uma projeção do inconsciente – e de modo algum uma invenção consciente –, passamos a compreender não só o fato de que em toda parte deparamos os mesmos motivos mitológicos, como também o de que o mito representa típicos fenômenos psíquicos.

---

49. Diástole é a extroversão da libido que se expande no todo. Sístole é sua contração no indivíduo, a mônada. "[...] sístole, a que se contrai com força conscientemente, gerando singularidade e diástole, a que se distende nostalgicamente, buscando abranger o todo" (CHAMBERLAIN, H.S. *Goethe*. Munique: [s.e.], p. 571). A permanência em uma dessas duas atitudes significa *morte* (op. cit.), por isso o tipo é insuficiente e necessita ser complementado pela função oposta. "No entanto, se um ser humano assume uma postura meramente receptiva, a diástole continua indefinidamente, e então sobrevém uma paralisia e finalmente a morte, tanto no corpo quanto na vida anímica. Só a ação pode "vivificar"; sua condição primeira é limitação, ou seja, a sístole que cria a medida bem delimitada. Quanto mais enérgica for a ação, tanto mais resoluta terá que ser a limitação" (op. cit., p. 581).

Agora se impõe a questão de como se deve entender energeticamente o processo da progressão e da regressão. É bem claro que, quando se fala de progressão e regressão, trata-se de *processos de força*. A progressão seria comparável a um curso d'água, que da montanha corre para o vale. O represamento corresponde a um obstáculo específico colocado ao curso da água, tal como uma barragem, que transforma a energia cinética do curso da água na energia potencial da situação. Devido ao represamento, a água é forçada a encontrar outro caminho quando atinge uma altura que lhe permita transbordar em algum lugar. Talvez ela flua por um canal, que leva a energia viva do declive a passar por uma instalação de turbinas para a geração de eletricidade. Esta transformação seria uma imagem da nova progressão gerada pelo represamento e regressão, cujo caráter alterado – em relação ao anterior – é caracterizado pelo fato de a energia agora se manifestar sob uma nova forma. Nesse processo de transformação o princípio da equivalência tem um valor heurístico especial. *A intensidade da progressão reaparece na intensidade da regressão.*

Da essência da visão energética não se deduz que deva haver uma progressão e regressão da libido, mas apenas que deve haver transformações equivalentes, pois a energética só vê o *quantum*, jamais explica o *quale*. Assim sendo, a progressão e a regressão são processos específicos que devemos conceber como processos dinâmicos, que, enquanto tais, são condicionados pelas qualidades da substância. Progressão e regressão jamais podem ser deduzidas da natureza do conceito de energia, mas apenas podem ser compreendidas energeticamente em suas relações recíprocas. O porquê do existir da progressão e da regressão só pode ser compreendido a partir das qualidades da substância, portanto, de um modo mecanicista-causal.

A progressão, enquanto processo ininterrupto de adaptação às condições do ambiente, fundamenta-se na necessidade vital da adaptação. Esta necessidade impõe a orientação absoluta para as condições do ambiente e a repressão de todas as tendências e possibilidades que estão a serviço da individuação.

A regressão, por seu lado, enquanto adaptação às condições do próprio mundo interior, fundamenta-se na necessidade vital de atender às exigências da individuação. A pessoa humana não é uma máquina no sentido de poder ter um rendimento de trabalho constante, mas ela só pode corresponder de forma ideal à necessidade externa se também estiver ajustada ao seu próprio mundo interno, isto é, se estiver em harmonia consigo mesma. E, inversamente, ela só pode ajustar-se a seu próprio mundo interno e alcançar a harmonia consigo mesma se também estiver adaptada às condições do ambiente. O descuidar de uma ou outra dessas funções só pode ocorrer temporariamente, como mostra a experiência: se só se realiza uma adaptação unilateral ao mundo exterior, por exemplo, deixando de lado o mundo interior, pouco a pouco um aumento do valor das condições internas vai se tornando perceptível, através de uma irrupção de elementos pessoais na adaptação externa. Pude acompanhar certa vez um caso drástico: um industrial, que havia subido na vida por seu próprio esforço, passou a lembrar-se de certa fase de sua juventude em que a arte lhe dava enorme prazer. Sentiu necessidade de retomar essas tendências, e começou então a inventar modelos artísticos próprios para os produtos que fabricava. Aconteceu que ninguém mais comprava esses produtos artísticos, e ele mesmo abriu falência poucos anos depois. Seu erro foi que ele transferiu para o exterior o que pertencia ao seu mundo interior, por ter compreendido mal a demanda da individuação. Um fracassar assim tão evidente de uma função de adaptação que até então nada deixava a desejar explica-se por um típico mau entendimento da demanda interna.

76   Embora a progressão e a regressão tenham um fundamento causal na natureza dos processos de vida por um lado, e das condições do ambiente por outro, temos que compreendê-las – quando as observamos energeticamente – apenas como meios ou pontos de passagem do fluxo energético. Vista por este ângulo, a progressão e o trabalho de adaptação dela resultante acontecem como um meio para a regressão, ou seja, para a manifestação do mundo interno no mundo externo, e isso gera um novo meio para atingir um novo tipo de progressão, que representa uma melhor adaptação às condições do ambiente.

B Extroversão e introversão

77   Progressão e regressão podem ser relacionadas com a extroversão e a introversão da libido. A progressão como adaptação às condições externas poderia ser interpretada como extroversão, e a regres-

são enquanto ajustamento às condições internas, como introversão. Mas desse paralelo resultaria uma confusão conceitual considerável. Progressão e regressão são no máximo vagas analogias da extroversão e introversão. Na realidade, estes últimos conceitos dizem respeito a dinamismos de espécie diferente da progressão e regressão. Estas últimas são dinamismos ou formas legítimas de transposição de energia, ao passo que a extroversão e a introversão, como o próprio nome indica, são dinamismos ou formas tanto da progressão como da regressão. Progressão é um movimento de vida que caminha para frente no sentido do tempo. Este movimento pode dar-se de duas formas diversas, ou de *modo extrovertido*, quando os objetos, ou seja, as condições do ambiente, influenciam preponderantemente a progressão, ou *introvertidamente* quando a progressão deve adequar-se às condições do Eu (ou melhor, do "fator subjetivo"). A regressão também pode dar-se de duas formas, ou como um retrair-se do mundo externo (introversão), ou como um refugiar-se em vivências externas extravagantes (extroversão). Um insucesso coloca alguns num estado meditativo depressivo, e impele outros a farrear pelos bares. Esses dois modos diferentes de reagir, que chamei de extro e introversão[50], correspondem a dois tipos opostos de atitude.

A libido move-se não só para frente e para trás, mas também para fora e para dentro. A psicologia deste último movimento foi por mim pormenorizadamente descrita em meu livro sobre os tipos psicológicos, o que me permite renunciar aqui maiores explanações a respeito.

C O deslocamento da libido

No livro *Wandlungen und Symbole der Libido*, 2ª parte, cap. III, utilizei a expressão "deslocamento da libido", para designar a transformação ou transposição energética. Quando utilizo esta expressão, penso em um deslocamento de intensidades ou valores psíquicos de um conteúdo a outro, correspondente à transformação da energia a qual, por exemplo, é traduzida como calor pela máquina de vapor e depois em energia motriz. Do mesmo modo, a energia de certos fe-

---

50. Cf. meu livro *Psychologische Typen* [OC, 6].

nômenos psíquicos é levada através de meios apropriados à transposição em outros dinamismos. No livro citado acima dei exemplos desses processos de transposição, de modo que posso dispensar-me de dar outros exemplos aqui.

80   Na natureza entregue a ela mesma (pura), a energia se transforma de acordo com seu fluxo natural, e com isso gera fenômenos naturais, mas sem nenhum "rendimento de trabalho". Quando entregue a si mesmo, o ser humano também vive dessa maneira, como fenômeno natural, por assim dizer, sem produzir trabalho, no sentido próprio da palavra. Mas a cultura representa a máquina, através da qual o declive natural é utilizado para produzir trabalho. O próprio fato de o ser humano ter inventado essa máquina deve estar profundamente arraigado em sua natureza, e mesmo na natureza dos seres vivos em geral, na medida em que a matéria viva é ela mesma um transformador de energia. De alguma forma ainda desconhecida, a vida participa no processo de transformação. A vida existe porque utiliza as condições naturais físicas e químicas, como meios, por assim dizer, para a sua existência. O corpo vivo é uma máquina, que transforma a quantia de energia recebida, equivalentemente em outras manifestações dinâmicas. Não se pode dizer que a energia física se transforme em vida, mas apenas que a transformação é expressão de vida.

81   Da mesma forma que o corpo vivo é uma máquina, outras adaptações às condições físicas e químicas também têm o valor de máquinas que possibilitam outras formas de transformação. Assim todos os meios que, por exemplo, o animal – excetuando a alimentação direta para seu corpo – necessita para a proteção e a continuidade de sua existência são máquinas que utilizam o declive natural para a realização de trabalho. Quando o castor derruba árvores, representando as correntes d'água, trata-se de uma realização de trabalho condicionado por sua diferenciação. Sua diferenciação é uma cultura natural, que funciona como transformador da energia, como máquina. Assim também a cultura humana, enquanto produto natural de diferenciação, é uma máquina, em primeiro lugar uma máquina técnica que utiliza as condições naturais para a transformação de energia física e química, e depois também uma máquina espiritual que utiliza condições espirituais para a transformação da libido.

Da mesma forma que o ser humano conseguiu inventar uma turbina, conduzir um rio para ela, e a partir da energia dinâmica assim obtida gerar eletricidade capaz de múltiplo aproveitamento, ele também conseguiu transferir o instinto natural – que escoa de acordo com seu declive sem realizar trabalho – através de uma máquina, a outra forma dinâmica que possibilita uma realização de trabalho.

A *transformação da energia do instinto ocorre por transmissão* a um *"analogon"* do objeto do instinto. Tal como a usina elétrica imita a queda d'água, de cuja energia se apodera, a máquina psíquica imita o instinto e se apodera assim de sua energia. Um bom exemplo disso é a cerimônia da primavera dos Watchandis[51]. Eles cavam um buraco de forma oblonga no chão, cercam-no de arbustos de modo a evocar o órgão genital feminino. Dançam ao redor desse buraco, segurando suas lanças à sua frente, como que evocando o pênis em ereção. Enquanto dançam em volta do buraco, cravam as lanças na fossa, chamando: *pulli mira, pulli mira, wataka! (non fossa, non fossa, sed cunnus!)*. Nenhum dos participantes pode olhar para uma mulher durante a cerimônia.

Com o buraco, os Watchandis criam um *analogon* dos genitais femininos, o objeto do instinto natural. Através da repetição do chamamento e do êxtase da dança, sugerem a eles próprios que o buraco na terra seja verdadeiramente um órgão genital, e, para que o objeto real do instinto não os perturbe nessa ilusão, nenhum deles pode olhar para uma mulher. Trata-se, sem dúvida, da canalização da energia e da transmissão da mesma para um *analogon* do objeto original, através da imitação do ato sexual, e do processo da dança (que na realidade é uma cerimônia de acasalamento, como nos pássaros e em outros animais)[52].

Essa dança tem um significado especial, o de cerimônia de fecundação da terra, razão pela qual se realiza na primavera. É uma *opera-*

---

51. Cf. PREUSS, K.T. "Der Ursprung der Religion und Kunst". *Globus*, LXXXVI, passim. • SCHULTZE, F. *Psychologie der Naturvölker*. Lípsia: [s.e.], p. 61. • JUNG, C.G. *Wandlungen und Symbole der Libido*. Lípsia/Viena: Deuticke, 1912, p. 144 (nova edição: *Symbole der Wandlung*, p. 247s.) [OC, 5].

52. Cf. a observação em PECHUEL-LOESCHE, E. *Volkskunde von Loango*. Sttutgart: [s.e.], p. 38: Os dançarinos esgravatam o chão com um dos pés, executando ao mesmo tempo movimentos específicos com os quadris.

ção mágica, cujo objetivo é transferir a libido para a terra, e assim, através dela, a terra adquire um valor psíquico especial, tornando-se objeto de esperança. O espírito ocupa-se com ela e é por ela determinado, e através disso é dada a possibilidade e a probabilidade de o ser humano lhe dar atenção, o que seria a condição psicológica prévia da lavoura. A lavoura realiza-se de fato, embora não exclusivamente, nos moldes da analogia sexual. O "leito nupcial na terra arada" é uma cerimônia de transmissão desse tipo: o agricultor leva sua mulher para o campo arado numa noite de primavera, copula com ela lá mesmo, a fim de fecundar a terra. Assim se produz uma estreita relação e a analogia que atua como um canal que é desviado do leito do rio para levar sua água a uma usina elétrica. A energia do instinto é intimamente associada ao campo arado, de tal forma que a agricultura adquire o valor, por assim dizer, de um ato sexual. Esta associação garante uma permanente transferência do interesse para a plantação. Em consequência disto o campo da lavoura exerce uma *atração* sobre o lavrador, e este se dedicará à plantação, o que evidentemente beneficiará a fertilidade do campo.

Como Meringer mostra de modo exemplar, a associação da libido (inclusive no sentido sexual) com a lavoura é expressa pela linguagem[53]. A transferência da libido para o campo arado não se dá unicamente pela analogia sexual, mas também pela magia direta do contato, por exemplo, pelo ritual do "Walen" no campo[54]. O primitivo sente a transferência da libido tão concretamente, que o cansaço que sente devido ao trabalho é por ele interpretado com um ser sugado pelo demônio do campo[55]. O primitivo inicia todos os maiores empreendimentos e trabalhos – como lavoura, caça, guerra etc. – mediante atos mágicos análogos, de feitiçaria preparatória, com o evidente objetivo psicológico de transferir a libido à atividade que se tornou necessária. Nas danças do búfalo dos pueblos Taos, os dançarinos representam o caçador e a caça simultaneamente. Pela excitação e o prazer da dança, a libido é transferida para a forma da atividade, nes-

---

53. MERINGER, R. "Wörter und Sachen". *Indogermanische Forschungen*, XVI, 1904.
• JUNG, *Wandlungen und Symbole der Libido*. Op. cit., p. 145.
54. Cf. MANNHARDT, W. *Wald- und Feldkulte*. Vol. I. Berlim: [s.e.], 1904, p. 480ss.
55. Ibid., p. 483.

te caso, da caça. O prazer da dança – indispensável para que isso aconteça – é gerado pela batida rítmica do tambor e pelo canto excitante dos velhos, que também dirigem toda a cerimônia. As pessoas idosas vivem, como se sabe, de suas recordações e gostam muito de falar de suas ações passadas. Isso as "aquece". O calor "ascende", e assim o velho dá o primeiro impulso para a dança, para a cerimônia mímica, cuja finalidade é acostumar os jovens e os mais novos à caça e prepará-los psiquicamente para essa atividade. Temos conhecimento de *rites d'entrée* (ritos introdutórios) semelhantes, praticados em muitas tribos primitivas[56]. Um exemplo clássico é a cerimônia Atninga dos Aruntas. Esta consiste em ter que "enraivecer" antes os membros da tribo, desafiando-os para um ato de vingança. Isto acontece pelo fato de que o condutor da cerimônia liga o cabelo do morto a ser vingado à boca e ao pênis de um homem que deve ser "enraivecido". Para tanto o condutor ajoelha-se sobre o homem e o abraça, como se estivesse praticando um ato sexual com ele[57]. Eles acreditam que este modo de proceder tenha o seguinte efeito: as "vísceras do homem começam a arder de desejo de vingar o assassinato". A cerimônia tem evidentemente o objetivo de estabelecer uma relação íntima de cada membro da tribo com o assassinado. Assim cada um vai querer vingar o morto.

A situação tantas vezes tão complicada de tais cerimônias mostra o esforço que é preciso fazer para desviar a libido de seu curso natural, ou seja, dos hábitos do dia a dia, a fim de ser conduzida a uma atividade não habitual. O entendimento moderno acredita que pode chegar a esse objetivo com uma simples decisão da vontade, e assim prescindir de toda cerimônia mágica, razão pela qual demorou muito tempo para obter uma compreensão adequada das cerimônias primitivas. Mas se levarmos em consideração que os povos primitivos são inconscientes, em grau muito maior que nós, ou são simples fenômenos naturais e, por assim dizer, nem conhecem o que chamamos de "vontade", fica claro para nós por que eles precisam de cerimônias complicadas, enquanto que para nós basta uma decisão da vontade.

---

56. Apanhado geral em LÉVY-BRUHL, L. *Les fonctions mentales dans les sociétés inférieures*. 2. ed. Paris: [s.e.], 1912, p. 262ss.
57. Ilustrações eloquentes em SPENCER, B. & GILLEN, F.J. *The Northern Tribes of Central Australia*. Londres: [s.e.], p. 560.

Somos mais conscientes, mais domesticados. No decorrer dos milênios conseguimos não só dominar a natureza selvagem circundante, mas também colocar algemas à nossa própria selvageria (de algum modo e temporariamente, pelo menos!). Não obstante, nós adquirimos "vontade", ou seja, *energia disponível*, talvez não muita, mas em todo caso mais do que o homem primitivo. Por isso não precisamos mais das danças mágicas para "fortalecermos" antes de uma empreitada, pelo menos nos casos corriqueiros. No entanto, nos casos que vão além das nossas forças e também naqueles que correm o risco de não dar certo, lançamos uma primeira pedra, solenemente, com a bênção da Igreja, "batizamos" o navio a ser lançado à água ou, num caso de guerra, buscamos garantir-nos mediante a ajuda de um Deus patriótico. O suor frio já conseguiu arrancar jaculatórias das pessoas mais fortes. Bastam situações de alguma insegurança para ressuscitar naturalmente as tais "complicações mágicas". Pela cerimônia são desencadeadas profundas forças emocionais, logo a convicção torna-se cega autossugestão, e o campo de visão psíquico se reduz a um ponto fixo, no qual se concentra toda a violência da *vis a tergo* inconsciente. É uma realidade objetiva que um homem seguro tem mais êxito do que o inseguro.

D A formação do símbolo

88   A máquina psicológica, que transforma energia, é o *símbolo*. Refiro-me a um símbolo verdadeiro e não a um sinal. Assim sendo, o buraco cavado na terra dos Watchandis não é um sinal dos órgãos genitais femininos, mas é um símbolo que representa a ideia da mulher-terra a ser fecundada. Confundi-la com uma mulher humana seria o mesmo que interpretar o símbolo semioticamente, o que perturbaria fatalmente o valor da cerimônia. Por isso os dançarinos não podem olhar para mulher alguma. A máquina seria destruída pela concepção semiótica. Seria o mesmo que destruir a adutora da água, que sob pressão é levada para a turbina, apenas porque não é uma queda d'água natural, e foi criada pelo deslocamento das condições naturais. Não quero nem de longe afirmar que a interpretação semiótica seja absurda; ela não só é possível, como muito verdadeira. Não convém pôr em dúvida a sua utilidade em todos os casos em que a natureza é apenas

atrofiada, sem produzir um rendimento de trabalho efetivo. A interpretação semiótica, porém, torna-se sem sentido quando utilizada de modo exclusivo e esquemático, quando não compreende a verdadeira natureza do símbolo e o rebaixa a um mero sinal.

O primeiro produto que o homem primitivo conquista através da formação análoga da energia instintiva é a magia. Uma cerimônia é mágica quando não é realizada com a finalidade de fazer um trabalho efetivo, mas fica retida na expectativa. Neste caso a energia é transferida a um novo objeto, criando assim um novo dinamismo que, no entanto, só permanece mágico enquanto não produzir um trabalho efetivo. A vantagem resultante da cerimônia mágica é que o objeto "recém-ocupado" obtém a possibilidade de exercer influência sobre a psique. O valor desse objeto faz com que atue de forma determinante, suscitando a imaginação, de um modo tal, que a mente seja por ele atraída e dele se ocupe durante um longo período de tempo. Isto gera ações quase lúdicas sobre o objeto mágico, em geral, atividades rítmicas. Um flagrante exemplo dessa atividade são os desenhos sul-americanos feitos na rocha, que consistem em sulcos profundamente encravados na pedra duríssima, sulcos estes produzidos pelos índios. Durante séculos eles cobriam os riscos dos desenhos, retraçando-os com pedras, sempre de novo, ludicamente, aprofundando os sulcos. É quase impossível interpretar o significado desses desenhos, mas a atividade exercida sobre os mesmos é incomparavelmente mais significativa[58].

A determinação do espírito pelo objeto de efeito mágico também pode levar o homem – que dele se ocupa de modo lúdico e incessante – a fazer várias descobertas em relação ao objeto, descobertas essas que de outro modo nunca teria feito. Todos sabemos que muitas descobertas foram realizadas exatamente desta maneira. Não é em vão que chamamos a *magia de mãe da ciência*. Até a alta Idade Média, o que hoje chamamos de ciências naturais não era nada mais do que magia. A alquimia é uma perfeita ilustração do que acabamos de dizer. Seu simbolismo mostra com a maior clareza possível o processo de transmutação da energia, tal como, em princípio, o descrevemos acima.

---

58. KOCH-GRÜNBERG, T. *Südamerikanische Felszeichnungen*. Berlim: [s.e.], 1907.

Os alquimistas mais tardios até chegaram a ter consciência desta sabedoria[59]. Foi só através da evolução da magia em ciência, quando um mero estágio de expectativa progrediu para um trabalho técnico verdadeiro no objeto, que se atingiu o domínio da natureza. Mas só quando a magia evoluiu, tornando-se ciência, quando a fase da mera expectativa se transformou em trabalho técnico real com o objeto, é que se chegou ao domínio das forças da natureza, da maneira como se sonhava na época da magia. O próprio sonho da alquimia acerca da possibilidade de transmutação dos elementos tornou-se realidade. O efeito mágico a distância foi realizado pela descoberta da eletricidade. Temos, pois, as melhores razões para valorizar a formação do símbolo e prestar a nossa homenagem a ele, como um meio inestimável que nos possibilita utilizar o curso natural-instintivo do processo energético para a realização efetiva de um trabalho. A queda d'água é com certeza mais bela do que uma usina hidrelétrica, mas a *dira necessitas* nos ensina a dar mais valor à iluminação e à indústria elétricas do que à bela inutilidade da catarata, que apenas nos deleita durante os quinze minutos do nosso passeio de férias.

91 Na natureza física só conseguimos transferir uma parte muito limitada da energia natural a uma forma aproveitável na prática, tendo que deixar de longe a maior parte inutilizada, agindo nos fenômenos naturais. Do mesmo modo, em nossa natureza psíquica, só podemos retirar uma pequena quantidade de energia de seu curso natural. Uma parte incomparavelmente maior não pode ser captada por nós, pois sustenta o curso natural da vida. É por isso que a libido é distribuída de modo natural entre os diversos sistemas funcionais, dos quais não pode ser retirada totalmente. A libido é *investida* nessas funções como uma força específica não transmutável das mesmas. Só no caso de o símbolo oferecer um declive maior que o da natureza é possível transferir a libido a outras formas. A história da civilização tem demonstrado suficientemente que o ser humano possui um relativo excedente de energia, aplicável em outra forma que não simplesmente em seu curso natural. O fato de o símbolo permitir esse desvio prova que nem toda libido se fixa numa forma regular que a obrigue

---

59. Cf. SILBERER, H. *Probleme der Mystik und ihrer Symbolik*. [s.l.]: [s.e.], 1914. • ROSENCREUTZ, C. *Chymische Hochzeit*: Estrasburgo: [s.e.], 1616.

a seguir seu curso natural, mas que restou um *quantum* de energia que poderíamos chamar de *excedente da libido*. Seria de se supor que esse excedente resultasse do fato de as funções fixamente organizadas serem incapazes de compensar suficientemente as diferenças de intensidade. Seriam comparáveis a um encanamento de água cujo diâmetro é insuficiente para dar vazão a uma determinada quantidade de água que é continuamente completada. Neste caso, de alguma forma a água transbordaria. Do excedente de libido resultam certos processos psíquicos inexplicáveis, ou insuficientemente explicáveis pelas simples condições naturais. Trata-se dos processos religiosos, cuja natureza é essencialmente simbólica. Símbolos de representação são ideias religiosas, símbolos de ação são rituais ou cerimônias; ambos são a manifestação e a expressão do excedente de libido. Ao mesmo tempo, são passagens para novas atividades, que devemos especificar como atividades culturais, em oposição às funções regulares que transcorrem instintivamente.

Eu designei o símbolo que converte energia também como análogo da libido[60] para representar ideias apropriadas que expressam a libido de modo equivalente, e assim transferi-la a uma forma diversa da original. A mitologia nos fornece inúmeras analogias desse tipo, a começar pelos objetos sagrados, os churingas, os fetiches, até as figuras divinas. Os rituais com que se cercam os objetos sagrados muitas vezes deixam transparecer claramente sua natureza de transformação de energia; assim, por exemplo, o primitivo fricciona ritmicamente seu churinga, incorporando dessa maneira a força mágica do fetiche, ao mesmo tempo em que devolve de novo o "carrego"[61] ao fetiche. Um grau mais elevado desta mesma linha é a ideia do *totem*, intimamente ligada aos primórdios da formação da sociedade e que conduz diretamente à ideia do paládio, divindade protetora e tribal, e à ideia da organização social humana de um modo geral. O processo da conversão da libido pelo símbolo existe desde o início da humanidade e continua ativo em nossos dias. Os símbolos nunca foram *inventados conscientemente*, mas foram produzidos pelo inconsciente, pela via

92

---

60. *Wandlungen und Symbole der Libido*, p. 91 (nova edição: *Symbole der Wandlung*, p. 159) [OC, 5].
61. SPENCER, B. & GILLEN, F.J. *The Northern Tribes of Central Australia*. Op. cit., p. 277.

da chamada revelação ou intuição[62]. Devido à estreita relação dos símbolos mitológicos com os oníricos – e considerando o sonho *"le dieu des sauvages"* (o deus dos selvagens), como se expressa P. Lejeune – é mais do que provável que grande parte dos símbolos históricos provenha diretamente do sonho ou, ao menos, seja por ele estimulada[63]. Sabemos com certeza que é este o caso na escolha do totem, e também não faltam testemunhos no que diz respeito à escolha dos deuses. Esta função do símbolo existe desde os mais remotos tempos e subsiste ainda hoje, apesar de o desenvolvimento espiritual se ter esforçado, durante séculos, por reprimir a formação simbólica individual. Um passo inicial nesta direção foi o estabelecimento de uma religião estatal oficial; outro passo, a erradicação do politeísmo, que teve provavelmente sua primeira tentativa na reforma de Amenophis IV. Como se sabe, a era cristã realizou façanhas surpreendentes em relação à repressão da formação simbólica individual. Mas, na mesma medida em que começa a diminuir a intensidade da ideia cristã, podemos esperar um novo recrudescimento da formação do símbolo individual. A multiplicação verdadeiramente impressionante das seitas desde o século XVIII, o Século das Luzes, poderia ser um sinal eloquente do que acabamos de dizer. A enorme expansão da *Christian Science*, da teosofia, da antroposofia e da religião Mazdaznan são outros tantos passos no caminho percorrido.

93   No trabalho clínico com nossos pacientes deparamos a toda hora tais formações simbólicas, que visam a transmutação da libido. No início de uma terapia encontramos símbolos em vias de formação, contraproducentes na medida em que oferecem um declive insuficiente, impedindo que a libido se converta em um trabalho efetivo, mas que se descarregam inconscientemente, pela via habitual, através de fantasias arcaico-sexuais e outras fantasias; em consequência dis-

---

62. "Man of course, has always been trying to understand and to control his environment, but in the early stages this process was unconscious. The matters which are problems for un existed latent in the primitive brain; there, undefined, lay both problem and answer; through many ages of savagery, first one and the another partial answer emerged into consciousness; at the end of the series, hardly completed today, there will be a new synthesis in which riddle and answer are one" (CRAWLEY, A.E. *The Idea of the Soul*. Londres: [s.e.], p. 11).

63. "Les rêves sont pour les sauvages ce que la Bible est pour nous, la source de la révélation divine" (GATSCHET, A.S. *The Klamath Language*. Apud LÉVY-BRUHL, L. *Les fonctions mentales dans les sociétés inférieure*. Op. cit, p. 53).

so, o paciente está internamente dissociado, ou neurótico. Nestes casos recomenda-se naturalmente a análise *sensu strictiori*, isto é, o método redutivo psicanalítico instituído por Freud, que demole todas as formações simbólicas insuficientes, reduzindo-as aos seus elementos naturais. A usina elétrica, inoportunamente construída em local demasiado elevado, é desmontada e decomposta em seus componentes iniciais, e assim o curso d'água original é restabelecido. O inconsciente continua produzindo símbolos que poderíamos reduzir *ad infinitum* a seus elementos.

O ser humano, porém, não se dará por satisfeito e jamais se contentará com o curso natural das coisas, uma vez que ele sempre possui um excedente de energia ao qual pode ser dado um escoamento mais vantajoso do que o puramente natural, razão pela qual, sempre e inevitavelmente tornará a buscá-lo cada vez que, por redução, o forçarem a voltar ao curso natural. É por isso que chegamos à seguinte conclusão: quando se reduz o que é contraproducente, para restabelecer o curso natural das coisas e assim readquirir a possibilidade de uma vida natural, é preferível não prosseguir na redução, mas oferecer sinteticamente um apoio que melhore a formação simbólica, para que se produza um escoamento mais favorável para o excedente. Para o ser humano, a redução ao estado natural não é nem um estado ideal nem uma panaceia. Se o estado natural fosse isso verdadeiramente, o primitivo estaria levando uma existência digna de inveja. Mas não é bem assim: o primitivo é tão atormentado por suas superstições, medos e pressões, além de todas as outras dores e dificuldades da vida humana, que, se ele vivesse em nossa civilização, só poderia ser tachado de neurótico grave, ou então de louco. O que diríamos, se um europeu se comportasse à maneira do negro que sonhou que era perseguido por seus inimigos, capturado e queimado vivo, e que no dia seguinte ordenou a seus parentes que preparassem uma fogueira e o colocassem, a ele mesmo, com os pés no fogo, para que – mediante essa cerimônia apotropaica – fosse afastada a catástrofe com que sonhara. O negro se queimou de tal maneira que, gravemente enfermo, teve que ficar de cama por muitos meses[64].

---

64. LÉVY-BRUHL, L. *Les fonctions mentales dans les sociétés* inférieure. Op. cit., p. 54.

95   O ser humano libertou-se desses medos através da formação simbólica progressiva que levou à cultura. O retorno à natureza tem que ser necessariamente acompanhado de uma reconstrução sintética do símbolo. A redução faz retroceder ao homem natural primitivo e à mentalidade que lhe é própria. Freud dirigiu seu foco sobretudo ao desejo irreverente de prazer; Adler, à "psicologia do prestígio". São, sem dúvida, duas particularidades essenciais da psique primitiva, mas de longe não as únicas. Para sermos completos teríamos que mencionar também todos os demais traços do primitivismo, tais como o lúdico, o místico, o "heroico" etc., mas sobretudo o fato que predomina na alma primitiva, que é estar à mercê dos "poderes" sobrenaturais, sejam eles instintos, afetos, superstições, o poder da imaginação, magos, bruxas, espíritos, demônios ou deuses. A redução leva à condição subordinada do primitivo, da qual o homem civilizado espera ter escapado. Do mesmo modo que a redução põe o ser humano em contato com a sua submissão a "poderes", e assim o coloca diante de um problema quase perigoso, o tratamento sintético do símbolo o coloca diante da questão religiosa, não diante do problema dos credos religiosos atuais, mas sim do problema religioso do primitivo. Diante dos poderes que o dominam, e que são muito reais, só um fato tão real quanto aquele vai oferecer-lhe proteção e ajuda; nenhuma ideologia, só a experiência direta é capaz de contrabalançar o poder cego dos instintos.

96   O polimorfismo da natureza instintiva primitiva é regulado pelo *princípio da individuação,* isto é, uma unidade contrativa cujo poder é tão grande quanto o dos instintos contrapõe-se à multiplicidade e à dissociação cheia de contradições. Sim, ambos esses lados chegam a formar um par de opostos, necessário à autorregulação, o qual muitas vezes já foi designado por natureza e espírito. O que constitui o fundamento deste conceito são condições psíquicas, entre as quais a consciência humana oscila como o fiel da balança.

97   Na experiência direta, o espírito primitivo só nos é dado sob a forma da psique infantil, ainda possível de ser lembrada. As particularidades da mesma são consideradas por Freud, com certa razão, como sexualidade infantil; pois é desta *disposição embrionária* que mais tarde surgirá o ser sexuado maduro. Freud, porém, faz derivar da disposição embrionária infantil uma série de particularidades

mentais, de forma a parecer que a mente também provém de um estágio sexual preliminar, e portanto não passa de um subproduto da sexualidade. Mas para Freud passa despercebido que a disposição embrionária infantil polivalente não é apenas um estágio preliminar perverso singular de uma sexualidade normal e madura, mas que justamente ela parece ser perversa porque não é apenas um estágio preliminar da sexualidade madura, mas também o é da singularidade mental do indivíduo. Da disposição embrionária infantil surgirá posteriormente o ser humano *inteiro*, razão pela qual a disposição embrionária não é pura sexualidade, da mesma maneira que a psique do ser humano adulto não o é. Além disso, essa disposição embrionária não contém unicamente o começo de uma vida adulta, mas também toda a herança da série de antepassados, de extensão indefinida. Essa herança ancestral compreende não só os instintos provenientes, lá atrás, do estágio animal, mas também todas as diferenciações que legaram traços hereditários. Assim sendo, toda criança já nasce com uma *incongruência* impressionante; por um lado, um ser por assim dizer animalesco, inconsciente, e, por outro, a derradeira incorporação de uma soma hereditária antiquíssima e infinitamente complicada. Tal incongruência constitui a tensão da disposição embrionária e explica além do mais muitos enigmas da psicologia infantil, que não é pobre de enigmas.

Quando desvendamos os estágios preliminares infantis de uma psique adulta, mediante um procedimento redutivo, vamos encontrar, como fundamento último, germes infantis que por um lado contêm o futuro ser sexual natural em seu *statu nascendi*, mas, por outro, também todas as condições prévias complicadas do ser cultural. Sem dúvida, isto se reflete de forma maravilhosa nos sonhos das crianças. Muitos deles são simplesmente bem "infantis" e fáceis de entender, mas há outros que contêm possivelmente significados, por assim dizer, estonteantes e coisas cujo sentido profundo só se revela à luz de paralelos primitivos. Este outro lado é o *espírito "in nuce"*. O período da infância é importante não só porque nela começaram algumas deformações do instinto, mas também porque nela se apresentam à alma infantil sonhos e imagens, de ampla visão, que preparam todo um destino, ora assustadores, ora encorajadores, e ao mesmo tempo *pressentimentos* retrospectivos, que ultrapassam muito o âmbito da experiência infantil e remontam à vida dos *ancestrais*. Assim, na alma da criança, a condição "natural" se defronta com uma condição espiritual. Como é sabido, o ser humano que vive em estado natural não é, nem de longe, unicamente "natural", digamos, como um animal, mas ele vê, acredita, teme, venera coisas, cujo sentido não se depreende unicamente das condições ambientais naturais, cujo sentido é subjacente e desprovido de toda naturalidade, sensorialidade, e compreensibilidade, e não raro até contrasta vivamente com os instintos. Pensemos em todos aqueles rituais e costumes bárbaros dos primitivos, que despertam indignação em qualquer sentimento natural, lembremos todas aquelas convicções e ideias, que se opõem radicalmente ao óbvio das coisas. Estes fatos nos obrigam a supor que o princípio espiritual (seja ele o que for) se impõe ao que é meramente natural com inacreditável força. De fato, podemos dizer que essas coisas também são "naturais", e que tudo isso provém de uma e a mesma "natureza". Longe de mim duvidar dessa origem, mas cumpre salientar que essa coisa "natural" deve sua existência a um conflito entre dois princípios, aos quais podemos dar o nome que quisermos, e que *essa antinomia é a expressão e talvez também seja a base dessa tensão que designamos por energia psíquica*.

99   Teoricamente, deve existir também na criança uma tensão entre opostos desse tipo, pois sem ela nenhuma energia seria possível, como já dizia Heráclito: πόλεμο πατήρ πάντων[65]. Conforme já observei, este conflito pode ser entendido como uma oposição entre o ser natural ainda profundamente primitivo do ser humano, que acaba de nascer, e sua carga hereditária altamente diferenciada. O ser natural é caracterizado por uma instintividade inquebrantável, porque ele é totalmente dominado pelos instintos. A carga hereditária que se opõe a esse estado é constituída pela sedimentação mnêmica de toda a experiência da ascendência ancestral. Costuma-se encarar com ceticismo esse tipo de hipótese porque acreditam tratar-se de "ideias herdadas". É óbvio que nem sequer podemos pensar nisso. Trata-se antes de possibilidades de pensamentos herdados, de "trilhas", que se foram formando com o acúmulo gradual das experiên-

---

65. (A contenda é o pai de todas as coisas.)

cias dos ancestrais. Negar a constituição hereditária dessas trilhas seria o mesmo que negar a constituição hereditária do cérebro. Para serem coerentes, tais pessoas deveriam defender a tese de que a criança nasce com um cérebro de macaco. Mas como ela nasce com um cérebro humano, esse cérebro mais cedo ou mais tarde vai começar a funcionar como humano, e vai começar necessariamente no nível dos mais recentes antepassados. Evidentemente a criança não tem a menor consciência disso. Primeiro vai tomar consciência apenas dos instintos e de tudo que os contraria. Isso, porém, são os pais visíveis. Por isso a criança não tem a menor ideia de que o que a inibe poderia estar dentro dela mesma. Com razão ou sem razão, o inibidor será projetado nos pais. Este preconceito infantil está tão fortemente arraigado que em geral nós, médicos, temos o maior trabalho para conscientizarmos os nossos pacientes de que o pai malvado que tudo proíbe está dentro deles mesmos muito mais do que fora. Tudo o que age a partir do inconsciente vai aparecer projetado no outro. Não que os outros sejam inteiramente inocentes, pois mesmo a pior das projeções sempre se "engancha num gancho" que – por menor que seja – foi de fato fornecido pelo outro.

Muito embora a carga hereditária seja constituída de trilhas fisiológicas, foram os processos mentais nas gerações dos antepassados que as criaram. Quando tais trilhas chegam à consciência do indivíduo, o que só pode ser feito através de processos mentais, e, se esses processos só podem tornar-se conscientes pela experiência individual – com a aparência, portanto, de aquisições pessoais –, elas não deixam de ser trilhas preexistentes que foram apenas "preenchidas" pela experiência individual. Com certeza, cada experiência que "nos impressiona" é uma irrupção num antigo leito de rio, que até então tinha ficado inconsciente.

As trilhas preexistentes são duras realidades, tão inegáveis quanto a realidade histórica de o ser humano ter construído uma cidade a partir da caverna, sua morada originária. Naturalmente esta evolução só foi possível graças à formação de comunidades, e esta só foi possível, através da *limitação do instinto*. *A limitação dos instintos através de processos mentais impõe-se em cada ser individual com a mesma intensidade e sucesso, repetindo a história da civilização.* A limitação dos instintos é um processo normativo, ou, melhor dizendo, "*nomotético*"⁶⁶, cujo poder provém do fato inconsciente das trilhas herdadas. O espírito, como princípio ativo da carga hereditária, consiste na somatória dos espíritos ancestrais, dos *pais* invisíveis⁶⁷, cuja autoridade nasce com a criança.

102   O conceito filosófico de *espírito* não conseguiu ainda libertar seu próprio termo linguístico do jugo avassalador da identificação do espírito com aquele seu outro sentido de "fantasma". Contudo, a visão religiosa conseguiu superar a atrelagem da linguagem aos espíritos, dando o nome de *Deus* à referida autoridade espiritual. No decorrer dos milênios, esta maneira de ver desenvolveu-se como uma formulação daquele princípio espiritual, que se contrapõe à mera instintividade, inibindo-a. O que é extraordinariamente significativo nesse conceito é o fato de que Deus também é pensado ao mesmo tempo como criador da natureza. Ele é visto como o criador daquelas criaturas imperfeitas, errantes e pecaminosas, e, ao mesmo tempo, como seu juiz e carcereiro. Obedecendo a uma lógica simples, eu poderia dizer: se eu produzo uma criatura que cai em erro e pecado e, devido à sua instintividade cega perde o seu valor, então sou evidentemente um péssimo criador, e nem consegui passar no exame de aprendiz (como é sabido, este argumento desempenha um papel preponderante no gnosticismo). A concepção religiosa, porém, não se deixa abalar por esta crítica, mas afirma que os caminhos e desígnios da divindade são insondáveis. De fato, o argumento gnóstico também não teve eco na história, uma vez que evidentemente a intocabilidade da representação de Deus corresponde a uma necessidade vital, diante da qual toda lógica empalidece. (Entenda-se bem, não estamos lidando aqui com Deus como algo em si, mas somente como um modo de ver humano, que enquanto tal é objeto legítimo da ciência.)

103   Ainda que o conceito de Deus seja um princípio espiritual por excelência, é uma necessidade coletiva vê-lo também como a causa primeira criativa, da qual provém toda aquela instintividade que se apresenta como repugnante à espiritualidade. Assim sendo, Deus não seria apenas a essência da luz espiritual, que aparece como a última

---

66. (que cria leis.)
67. SÖDERBLOM, N. *Das Werden des Gottesglaubens*. Lípsia: [s.e.], 88ss. e 175ss.

flor na árvore do desenvolvimento, nem a meta da salvação espiritual na qual culmina toda a criação, e nem o fim último e o supremo desígnio, mas também seria tudo o que há de mais escuro e a causa mais baixa de todas as tenebrosidades naturais. Este é um enorme paradoxo, que pelo visto corresponde a uma verdade psicológica profunda. Ou seja, representa nada mais do que a contraditoriedade dentro de um mesmo ser, de um ser cuja natureza mais íntima é uma tensão entre opostos. Este ser é designado por *energia* pela ciência, por ser aquele algo que é o equilíbrio vivo entre contrários. Por este motivo esta visão de Deus, impossível e paradoxal em si, poderia ser tão satisfatória para a necessidade humana, a ponto de que nenhuma lógica – por mais legítima que pareça – lhe resista. De fato, nem a reflexão mais sutil conseguiria encontrar uma fórmula mais apropriada para esta realidade fundamental da contemplação interior.

104 Acredito não ter dito nada de supérfluo ao me aprofundar um pouco mais na questão da natureza dos opostos que constituem a base da energia psíquica[68]. A teoria freudiana consiste numa explicação causal da psicologia dos instintos. Deste ponto de vista o princípio espiritual deve aparecer apenas como apêndice, ou como um produto secundário dos instintos. Na medida em que não podemos negar a sua força inibitória e repressora, esta é atribuída: às influências da educação, às autoridades morais, às convenções e às tradições. Estas instâncias recebem (segundo essa teoria) por sua vez o seu poder das repressões, como num círculo vicioso (*circulus vitiosus*). No entanto, o espiritual não é reconhecido como uma contraparte equivalente ao instinto.

105 O ponto de vista espiritual foi ao contrário incorporado na visão religiosa, que presumo conhecer suficientemente. Esta última considera perigosa a psicologia de Freud. Mas esta não é mais perigosa do que o materialismo em geral, seja este de natureza científica ou prática. A unilateralidade da teoria sexual de Freud é pelo menos sintomaticamente significativa. Mesmo que ela não tenha justificação científica, a tem moralmente. É indubitavelmente certo que a instintivida-

---

68. Tratei do mesmo problema sob aspectos diferentes e de outra maneira em *Wandlugen und Symbole der Libido*, p. 167 e 410ss. (nova edição: *Symbole der Wandlung*, p. 287 e 758ss.) [OC, 5] e *Psychologische Typen*, p. 275ss. [OC, 6].

de no domínio da sexualidade se choca mais e de modo mais impactante com as concepções morais. O choque entre a instintividade infantil e o ético nunca poderá ser evitado. Este choque, segundo me parece, é a *conditio sine qua non* da energia psíquica. Enquanto todos concordamos obviamente em que assassinar, furtar e brutalidades passionais de qualquer espécie são inadmissíveis, existe uma tal de *questão sexual*. Não falamos em questão assassina ou de irascibilidade. Não clamamos por medidas sociais contra os que despejam seu mau humor sobre o próximo. E, no entanto, todas elas são atitudes instintivas, mas que nos parecem naturais. É só quando se trata da questão da sexualidade que colocamos um ponto de interrogação. Este sinal indica uma dúvida, ou seja, a dúvida de saber se os conceitos morais que tivemos até hoje e as instituições legais neles fundamentadas são satisfatórios e oportunos. Ninguém em sã consciência poderá negar que as opiniões em relação a este assunto são muito divididas. Aliás, o problema nem existiria se a opinião pública não divergisse a esse respeito. Evidentemente está se criando uma reação contra um moralismo excessivamente rigoroso. Não se trata aqui de um mero eclodir de uma instintividade primitiva. Tais irrupções nunca se importaram com leis morais nem com toda a problemática moral. Não obstante, trata-se da grave dúvida de saber se a concepção moral que tivemos até hoje faz justiça à natureza da sexualidade ou não. Esta dúvida suscita naturalmente um legítimo interesse de compreender melhor e mais profundamente a natureza da sexualidade. Não só a psicologia freudiana, como muitas outras iniciativas vêm ao encontro desse interesse. O fato de Freud ter dado ênfase especial à sexualidade poderia ser uma resposta mais ou menos consciente a este questionamento da época e, inversamente, o modo como o público recebeu Freud prova quão oportuna era a sua resposta.

106   Um leitor atento e crítico dos escritos de Freud não deixará passar despercebido o quanto é universal e extensivo o seu conceito da sexualidade. Este é na realidade tão amplo que muitas vezes nos perguntamos por que, afinal, o autor utiliza em certos trechos uma terminologia sexual. O seu conceito sexual abrange não só os processos fisiológicos sexuais, mas também quase todos os graus, fases e formas do sentimento e do desejo. Essa enorme amplitude permite que o seu conceito sexual possa ser utilizado universalmente, mas não em pro-

veito da explicação por ele veiculada. Por meio desse conceito podemos explicar uma obra de arte ou uma experiência religiosa exatamente do mesmo modo que um sintoma histérico. Neste caso, a diversidade absoluta dessas três coisas não tem a menor importância. A explicação, portanto, só pode ser uma explicação fictícia para pelo menos duas das coisas mencionadas. Afora esses inconvenientes, é psicologicamente correto encarar o problema dos instintos antes de tudo pelo lado da sexualidade, pois aí a pessoa isenta de preconceitos encontra o que pensar.

O conflito entre ética e sexualidade, hoje em dia, não é uma simples colisão entre instintividade e moral, mas uma luta pelo direito de existir de um instinto ou pelo reconhecimento de um poder que se expressa através desse instinto, com o qual parece que não dá para brincar e que, por isso mesmo, não se submete aos nossos preceitos morais bem-intencionados. A sexualidade não é apenas um instinto, mas ela é também, sem dúvida alguma, uma força criativa, que não é só a causa fundamental da nossa vida individual, mas também um fator a ser levado a sério em nossa vida psíquica. Hoje conhecemos sobejamente as consequências preocupantes acarretadas pelas perturbações da sexualidade. Poderíamos chamar a sexualidade de porta-voz dos instintos, e é por isso que o ponto de vista espiritual nela vê seu principal adversário; não porque o desregramento sexual seja mais imoral do que a voracidade, a bebedeira, a cobiça, a tirania e o vício do esbanjamento, mas porque o espírito antevê na sexualidade uma contraparte de natureza igual e até análoga a ele. Pois tal como o espírito quer subordinar a sexualidade assim como todos os demais instintos à sua forma, a sexualidade também reivindica um direito antigo sobre o espírito, que no passado estava nela contido – no ato da concepção, na gravidez, nascimento e infância –, e de cuja paixão o espírito não pode prescindir em suas criações. O que é o espírito, afinal, se um instinto de igual natureza não se opusesse a ele? Seria apenas uma forma vazia. Respeitar os outros instintos com sensatez já é natural para nós; mas com a sexualidade é diferente, ela ainda é problemática para nós. Neste ponto ainda não conseguimos atingir a consciência que nos possibilite fazer plena justiça ao instinto, sem um considerável dano moral. Freud não é apenas um cientista pesquisador, mas ele é também um advogado da sexualidade, razão pela qual reconheço que seu conceito sexual se justifica moralmente pelo menos em razão da grande importância do problema sexual, sem que eu tenha condições de aceitar o seu conceito também cientificamente.

108   Não cabe discutir aqui os motivos possíveis da atitude contemporânea em relação à sexualidade. Bastaria dizer que a sexualidade parece ser o instinto mais forte e imediato[69], razão pela qual ela se apresenta como sendo o instinto. Mas, além disso, tenho que salientar também que o princípio espiritual, a rigor, não colide com o *instinto*, mas com a *instintividade* entendida como uma superioridade injustificada da natureza instintiva em relação ao espiritual. *O espiritual também se apresenta no psiquismo como um instinto*, e até como uma verdadeira paixão, como se expressa Nietzsche em certa ocasião, "como um fogo devorador". Não é um derivado de outro instinto, como a psicologia do instinto gostaria que fosse, mas um *princípio* sui generis, *a saber, a forma imprescindível à força instintiva*. Devo remeter o leitor aqui a um estudo específico onde tratei deste problema[70].

109   O caminho da formação do símbolo segue pela via dessas duas possibilidades oferecidas pelo espírito humano. A redução produz uma desagregação de símbolos inoportunos e inúteis e, assim, um retorno ao fluxo natural, o que ocasiona um relativo represamento da libido. Este estado de coisas vai gerar forçosamente o que costumamos chamar de "sublimações", isto é, certas atividades culturais, que de algum modo vão acomodar o excesso insuportável de libido. As exigências propriamente primitivas, porém, não são atendidas por esse meio. Analisando a psicologia dessa situação, com cuidado e sem preconceito, será fácil descobrir o início da formação religiosa primitiva, aliás, de uma formação religiosa de tipo individual, que é bem diversa da religião dogmática coletiva dominante.

110   Uma vez que a formação da religião ou do símbolo tem para o espírito primitivo um interesse tão grande quanto a satisfação dos instintos, o caminho da continuidade do desenvolvimento é assim dado logicamente. O caminho que faz sair do estado reduzido é a formação da religião de caráter individual. Com isso a individualidade em

---

69. Não é este o caso entre os povos primitivos, em que a questão do estômago ocupa um lugar muito mais importante.
70. Cf. "Instinto e inconsciente" [Dissertação VI do vol. 8/2].

geral também se desvencilha do véu da personalidade coletiva, o que seria impossível no estado de redução, pois a natureza do instinto é, dependendo de seu tipo, de natureza inteiramente coletiva. O desenvolvimento da individualidade também se torna impossível, senão pelo menos muito comprometido quando, a partir do estado de redução, as sublimações de emergência redundam em atividades culturais, as quais, por sua vez e conforme o tipo, também são coletivas. Como os seres humanos são por sua maior parte coletivos, as sublimações de emergência, enquanto consequências de uma terapia, não podem ser subestimadas, pois elas permitem que muitas pessoas continuem existindo com uma atividade útil. O exercício de uma religião, dentro do quadro de uma religião coletiva existente, também pertence a essas "atividades culturais". O alcance admirável da simbólica católica garante um acolhimento à alma, que simplesmente satisfaz a muitas naturezas. A relação direta com Deus que caracteriza o protestantismo é suficiente para a necessidade mística de autonomia, e a teosofia, com suas infinitas possibilidades de representação, vem ao encontro da necessidade gnóstica de intuições e da preguiça de pensar.

Essas organizações ou sistemas são símbolos (σύμβολον = credo), que possibilitam ao ser humano construir uma posição contraposta à natureza instintiva primitiva, uma atitude cultural diante da mera instintividade. Foi esta desde sempre a função de todas as religiões. Por longos períodos de tempo, e para a grande maioria das pessoas, o símbolo de uma religião coletiva é suficiente. Só temporariamente talvez, e para um número relativamente restrito de pessoas, as religiões coletivas não bastam. Sempre, seja em indivíduos singulares, seja em grupos de tais indivíduos, onde o processo continua se desenvolvendo, ocorrem desligamentos das convicções coletivas. Psicologicamente, todo progresso cultural é uma ampliação da consciência, uma *conscientização*, que não pode dar-se a não ser pela *diferenciação*. Um progresso começa, portanto, sempre pela *individuação*, ou seja, por um ser singular, consciente de sua singularidade, que trilha um novo caminho por um terreno em que ninguém ainda pisou. Para tanto ele necessita, antes de mais nada, refletir sobre suas realidades fundamentais – independentemente de qualquer autoridade e tradição – e conscientizar-se de sua condição diferente. Na medida em que conseguir validar sua consciência ampliada no coletivo – pela tensão entre os opostos – ele dará aquele estímulo que a cultura necessita para seguir progredindo.

112 Isso não quer dizer que o desenvolvimento da individualidade seja necessário, ou mesmo apenas oportuno, em toda e qualquer circunstância. Mas nos parece que – de acordo com o ditado: "a maior ventura dos mortais é somente a personalidade" – há um número relativamente grande de pessoas, cuja maior necessidade seria desenvolver a individualidade, sobretudo em nossa cultura atual, coletivamente achatada, em que realmente a mídia domina o globo terrestre. De acordo com a minha experiência, naturalmente limitada, entre as pessoas de idade madura, há muitas que teriam justamente uma necessidade indispensável de desenvolver a sua individualidade. E isso a um ponto tal, que forjei uma opinião particular, sem compromisso, de que é justamente o ser humano de idade madura, que em nosso tempo teria uma premente necessidade de receber estímulos para evoluir um tanto mais em sua cultura individual, posto que foi formado exclusivamente no coletivo, em sua juventude, na escola e eventualmente na universidade; ele foi literalmente impregnado de mentalidade coletiva. Tive também a rica experiência, nesse sentido, com pessoas mais maduras, de que elas têm uma capacidade de absorver conhecimento muito acima do esperado, por mais que justamente essas pessoas sólidas, amadurecidas pelas experiências da vida, sejam as que mais se defendem contra uma visão exclusivamente redutiva.

113 É natural que a juventude saia ganhando com a aceitação maior da natureza do instinto, ou melhor, com o reconhecimento da sexualidade, cuja repressão neurótica afasta as pessoas da vida de maneira totalmente injusta, ou bem lhes impõe a infeliz obrigação, de entrar numa vida extremamente inadequada, com a qual elas têm que discordar. O justo reconhecimento dos instintos normais e o respeito pelos mesmos permitem que o jovem entre na vida, envolvendo-o em destinos que o fazem avançar, fazendo-o defrontar-se com necessidades, bem como com os sacrifícios e o trabalho que estas implicam, que lhe fortaleçem o caráter, amadurecendo a sua experiência. Para o adulto da segunda metade da vida, ao invés, a constante ampliação da vida não é mais obviamente o princípio apropriado, pois o declínio no entardecer da vida requer simplificação, restrição e interiorização, logo, cultura individual. O ser humano orientado biologica-

mente na primeira metade da vida, graças à juventude de todo seu organismo, tem geralmente a possibilidade de suportar a ampliação da vida e fazer dela algo de útil. A pessoa da segunda metade da vida naturalmente orienta-se para a cultura, ao passo que as forças em declínio de seu organismo lhe possibilitam uma submissão dos instintos aos pontos de vista da cultura. Na passagem da esfera biológica para a cultural, muitos sucumbem. A nossa educação de massa não tomou nenhuma medida para facilitar essa passagem. Há muita preocupação com a educação juvenil, e nenhuma com a educação do adulto. Não sabemos com que direito, sempre se parte do pressuposto de que o adulto não precisa mais de educação. Falta-lhe toda orientação nessa fase importantíssima da passagem da atitude biológica para a cultural, em que a energia se transfere do biológico para o cultural. O processo desta transferência é individual e não pode ser obtido à força mediante regras e preceitos gerais. A transferência da libido dá-se através do símbolo. A formação do símbolo é um problema fundamental, que não se insere no quadro deste trabalho. Para tanto remeto o leitor ao capítulo 5 do meu livro *Tipos psicológicos*, em que tratei dessa questão a fundo.

4
O conceito primitivo de libido

114   O quanto os primórdios da formação simbólica religiosa estão ligados justamente a um conceito energético nos é mostrado pelas mais primitivas representações de uma potência mágica, que é considerada como força objetiva, e da mesma forma também é um estado subjetivo de intensidade.

115   Abaixo, alguns exemplos para ilustrá-lo. Segundo nos relata McGee, os Dacotas veem essa "força" da seguinte maneira: o sol é *wakanda*, não *o* wakanda ou *um* wakanda, mas simplesmente *wakanda*. A lua é wakanda, bem como trovão, raio, estrelas, vento etc. As pessoas, principalmente os xamãs, também são wakanda, assim como os demônios dos elementos, os fetiches e demais objetos rituais, muitos animais e também lugares que têm algo de especialmente atrativo. McGee diz: "A expressão (wakanda) talvez possa ser traduzida por 'segredo' muito mais do que por qualquer outra palavra, mas até este conceito é demasiado restrito, porque wakanda pode significar igualmente *força, sagrado, antigo, grandeza, vivo, imortal*"[71].

116   A exemplo do wakanda dos Dacotas, os Iroqueses utilizam *oki*, os Algonquins, *manitu*, com o significado abstrato de "força" ou "energia produtiva". Wakanda é a visão de uma "energia de vida ou força universal, onipresente, invisível, mas com a qual se pode lidar e que pode ser transmitida"[72]. A vida do primitivo – em todos os seus âmbitos de interesse – gira em torno de possuir esta força em quantidade suficiente.

---

71. The Siouan Indians – A Preliminary Sketch, p. 182. Apud LOVEJOY. *The Fundamental Concept of the Primitive Philosophy*. [s.l.]: [s.e.], p. 363.
72. LOVEJOY. *The Fundamental Concept of the Primitive Philosopy*. Op. cit., p. 365.

É importante observar que um conceito como *manitu* também se 117
emprega como interjeição toda vez que se tem uma percepção espantosa. Hetherwick[73] relata o mesmo a respeito dos Yaos, que exclamam "mulungu" sempre que veem algo de espantoso ou inconcebível. Mulungu significa:

1) a alma das pessoas – que se chama lisoka quando vivas – e se torna mulungu, quando morrem;

2) o conjunto do mundo dos espíritos;

3) a propriedade ou força de ação mágica inerente a um objeto de qualquer tipo, como, por exemplo, a vida e saúde do corpo;

4) o princípio ativo em tudo que é mágico, misterioso, incompreensível e inesperado;

5) a grande força espiritual que cria o mundo e toda a vida nele existente.

Semelhante é o conceito de "wong" na Costa do Ouro. "Wong" 118
pode ser um rio, uma árvore, um amuleto, ou então lagos, fontes, locais terrestres, cupinzeiros, árvores, crocodilos, macacos, cobras, pássaros etc. Tylor[74] interpreta erroneamente "wong" de um ponto de vista animista, como "espírito" ou "alma". Vê-se, porém, pela utilização do "wong", que se trata de uma relação dinâmica entre o ser humano e seus objetos.

O conceito de churinga[75] entre os australianos também é uma vi- 119
são energética semelhante. Churinga significa:

1) o objeto ritual;

---

73. LÉVY-BRUHL, L. *Les fonctions mentales dans les sociétés inférieures*. Op. cit., p. 141s.
74. TYLOR, E.N. *Die Anfänge der Cultur*. Vol. II. Lípsia: [s.e.], 1873, p. 177 e 206.
75. Dizem o seguinte sobre o uso do churinga como objeto ritual: "O indígena tem uma convicção vaga e pouco nítida, mas nem por isso menos forte, de que um churinga, tal como todo objeto sagrado – que é transmitido de geração em geração –, não só é dotado de uma força mágica, nele incutida ao ser fabricado, mas também recebe uma espécie de força de cada indivíduo que o tenha tido em sua posse. O dono do churinga esfrega-o constantemente com a mão e canta ao fazê-lo [...] e pouco a pouco sente que uma relação especial vai se estabelecendo entre ele e o objeto sagrado, e que uma força passa do objeto para ele e dele para o objeto" (SPENCER, B. & GILLEN, F.J. *The Northern Tribes of Central Australia*. Op. cit., p. 277s.). Fetiches recebem uma carga nova de força quando deixados durante semanas ou até meses ao lado de outro fetiche mais forte. Cf. PECHUEL-LOESCHE, E. *Volkskunde von Loango*. Op. cit., p. 366.

2) o corpo de um antepassado individual (que dá origem à força vital);

3) a propriedade mística de quaisquer objetos.

120   Bem parecida é a noção de zogo da Estrada Torres, usada como substantivo e também como adjetivo. O arunquiltha é um conceito paralelo, de significado semelhante, só que é a designação para a ação mágica negativa, e para o espírito mau, que quer devorar o sol num eclipse[76]. O conceito badi malaio é do mesmo tipo, por incluir as relações mágicas malignas.

121   Pesquisas feitas por Lumholtz[77] mostraram que os Huichols mexicanos também possuem uma noção básica de uma força, que circula através das pessoas, dos animais e plantas rituais (veado, hikuli, cereais, penas etc.)[78].

122   Das investigações de Alice Fletcher depreende-se que entre os índios norte-americanos que o conceito de wakan é uma forma energética semelhante à que acabamos de mencionar. Através de jejuns, orações, visões, a pessoa pode tornar-se wakan. As armas do jovem são wakan, *não podem ser tocadas por uma mulher* (porque senão a libido se torna retrógrada). Por isso fazem orações sobre as armas antes da luta (a fim de fortalecê-las através da tomada pela libido). Por wakan se produz a relação entre o visível e o invisível, entre o que é vivo e o morto, entre a parte e o todo de um objeto.

123   Codrington diz do conceito melanésio de mana: "O espírito melanésio é completamente tomado da crença em uma força sobrenatural ou uma influência, quase sempre chamada de mana. Essa força realiza tudo que vai além da força comum do ser humano, tudo que está fora do alcance dos processos comuns da natureza; agarra-se às pessoas e coisas, e se manifesta nos efeitos, que só podem ser atribuí-

---

76. SPENCER, B. & GILLEN, F.J. *The Northern Tribes of Central Australia*. Op. cit., p. 458.
77. *Unknown Mexico*.
78. LÉVY-BRUHL, L. *Les fonctions mentales dans les sociétés inférieures*. Op. cit., p. 139: "Quand les Huichols affirment l'identité [...] du blé, du cerf, du hikuli, et des plumes, c'est bien une sorte de classificatoion qui s'est établie entre leurs représentations, classification dont le pricipe directeur est la présence commune chez ces êtres, ou plutôt la circulation entre ces êtres, d'un pouvoir mystique extrêmement important pour la tribu".

dos a ele (o mana). – É uma força ou uma influência que não é física, mas de tipo sobrenatural, digamos assim, mas que *se torna patente na força física ou em qualquer poder ou qualidade que um ser humano possua. O mana não se fixa em parte alguma e pode ser dirigido a todo e qualquer lugar.* Só os espíritos – sejam estes almas desencarnadas ou seres sobrenaturais – o possuem e podem passá-lo adiante; na realidade é produzido por entes pessoais, muito embora ajam por intermédio da água, de uma pedra, ou osso"[79].

A descrição acima mostra claramente que no mana como nos demais conceitos se trata de uma representação da energia – única capaz de explicar a estranheza dessas noções primitivas. Naturalmente, nem se discute que o primitivo pudesse ter a ideia abstrata de uma energia; mas o seu modo de ver as coisas é sem dúvida alguma uma etapa preliminar concreta da ideia abstrata.

Encontramos noções análogas no conceito do tondi dos Bataques[80], no atua dos Maori, no ani ou han de Ponape, no kasinge ou kalit de Pelew, no anut de Kusaie, no yaris de Tóbi, no ngai de Masailandia, no andriamanitra dos Malgaches, no njomm dos Ekoi etc. Soederblom dá um apanhado completo em seu livro *Das Werden des Gottesglauben* ("O devir da crença em Deus").

Lovejoy é de opinião – e eu concordo totalmente – que estes conceitos "não são nomes para o sobrenatural ou o assombroso – e certamente não o são para o que provoca reverência e admiração, respeito ou amor –, mas muito mais para o que é eficaz, poderoso e criador". O conceito em pauta refere-se mais propriamente à noção de "uma substância difusa ou energia, e de sua aquisição depende toda força extraordinária, capacidade ou fecundidade. Essa energia é certamente fecunda (em certas circunstâncias), misteriosa e incompreensível, mas ela o é porque é extraordinariamente poderosa, e não porque as coisas que a manifestam sejam coisas fora do comum, sobrenaturais ou constituídas de forma a ultrapassar a razoável expectativa". O

---

79. CODRINGTON, R.H. *The Melanesians*. Oxford: [s.e.], p. 118. Em seu livro, repleto de valiosas observações, *The Melanesians of British New Guinea*, p. 446, C.G. Seligman mencionava que bariaua também poderia pertencer ao conceito de mana.
80. WARNECK, J. *Die Religion der Batak*. Lípsia: [s.e.], 1909.

princípio pré-animista é "a crença numa força, que se supõe atuar de acordo com determinadas regras e leis compreensíveis, uma força que pode ser investigada e dominada"[81]. Lovejoy propõe para este modo de ver a expressão *"primitive energetics"*.

127   Muito do que foi entendido como espírito, demônio ou númen pelos pesquisadores pertence ao conceito primitivo de energia. Como já disse, na realidade é incorreto falar de "conceito". *"A concept of primitive philosophy"*, como se expressa Lovejoy, é produto evidentemente de nossa mentalidade. Para nós seria um *conceito psicológico de energia*, mas para o primitivo trata-se de um *fenômeno psíquico* que é percebido como ligado ao objeto. Não existe ideia abstrata entre os primitivos, e geralmente nem simples conceitos concretos, mas unicamente representações. Cada língua primitiva nos dá provas suficientes disso. Assim sendo, mana não é um conceito, mas uma representação, fundamentada na percepção da relação fenomênica. É a essência do que foi descrito por Lévy-Bruhl, como *"participation mystique"*. A linguagem primitiva só designa o fato da relação e da sensação por ela suscitada, conforme se vê nitidamente em alguns dos exemplos acima, mas não a natureza ou a essência da relação, ou seja, do princípio relacional. A descoberta de um termo adequado para esse tipo de força de relação foi reservada a uma etapa cultural posterior, que introduziu denominações simbólicas para a mesma.

128   Em seu trabalho clássico sobre o "Mana"[82], Lehmann definiu-o como o que é "extraordinariamente eficaz". A natureza psíquica de mana é ressaltada especialmente por Preuss[83] e Roehr[84]. De fato, não podemos fechar-nos à impressão de que a concepção primitiva de mana é uma etapa preliminar do nosso conceito de energia psíquica e muito provavelmente também do conceito de energia em geral[85].

---

81. LOVEJOY. *The Fundamental Concept of the Primitive Philosopy*. Op. cit., p. 380ss.
82. LEHMANN, F.R. *Mana, der Begriff des "ausserordentlich Wirkungsvollen" bei Suedvölkern*. Lípsia: [s.e.], 1922.
83. Ibid.
84. *Das Wesen des Mana*.
85. Cf. minha explicação sobre o modo como Robert Mayer encontrou o conceito de energia em *Über die Psychologie des Unbewussten*, p. 121s. [OC, 7].

A visão fundamental do mana volta, em nível animista, de forma personificada[86]. Aí são almas, espíritos, demônios, deuses, que produzem os efeitos extraordinários. Como Lehmann salienta com razão, ainda nada de "divino" é inerente ao mana, razão pela qual também não podemos entrever no mana, digamos, a forma originária de uma ideia de Deus. Mas, apesar disso, não podemos negar que mana é uma condição prévia – se não necessária ou pelo menos importantíssima – para a realização da ideia de Deus, a mais primitiva de todas as precondições. Outra condição prévia indispensável é o fator da personificação, para cuja explicação teremos certamente que recorrer a outros momentos psicológicos.

A difusão quase que universal da concepção primitiva de energia é expressão inequívoca do fato de que a consciência humana, já nos estágios mais remotos, sentia a necessidade de assinalar de forma inteligível o dinamismo percebido do acontecer anímico. Assim sendo, se enfatizamos a concepção energética em nossa psicologia é porque ela corresponde a realidades anímicas, soterradas no espírito humano desde os primórdios.

---

86. Seligman (*The Melanesians of british New Guinea*. Cambridge: [s.e.], 1910, p. 640ss.) refere observações, que na minha opinião, são transferências de mana para personificações animistas. São os *labuni* do povo de Gelaria. *Labuni* significa "enviar". Trata-se de efeitos dinâmicos (mágicos), que podem emanar ou ser enviados a outros, dos ovários (?) de mulheres que pariram. *Labuni* têm o aspecto de "sombras", utilizam-se de pontes para atravessar rios, transformam-se em animais, mas além disso não têm personalidade alguma, nem forma definida. Uma noção semelhante é a do ajik, dos Elgonyi no Quênia Setentrional, conforme eu mesmo pude observar.

Referências

BERGER, H. *Über die körperlichen Äusserungen psychischer Zustände*. Iena: [s.e.], 1904.

BINSWANGER, L. Über das Verhalten des psychogalvanischen Phänomens beim Assoziationsexperiment. In: JUNG, C.G. *Diagnostische Assoziationsstudien*: Beiträge zur experimentellen psychopathologie. Vol. II. Lípsia: [s.e.], 1906, p. 446-530.

BOLTZMANN, L. *Populare Schriften*. Lípsia: [s.e.], 1905.

BUSSE, L. *Geist und Körper, Seele und Leib*. Lípsia: [s.e.], 1903.

CHAMBERLAIN, H.S. *Goethe*. Munique: [s.e.], 1912.

CODRINGTON, R.H. *The Melanesians*. Oxford: [s.e.], 1891.

CRAWLEY, A.E. *The idea of the Soul*. Londres: [s.e.], 1909.

FREUD, S. *Sammlung kleiner Schriften zur Neurosenlehre*. 2 vols. Viena: [s.e.], 1908/1909.

_____. *Zur Psychopathologie des Alltagslebens*. Berlim: [s.e.], 1901.

_____. *Die Traumdeutung*. Viena: [s.e.], 1900.

FROBENIUS, L. *Das Zeitalter des Sonnengottes*. Berlim: [s.e.], 1904.

GATSCHET, A.S. The Klamath Language. In: LÉVY-BRUHL, L. *Les functions mentales dans les sociétés inférieures*. 2. ed. Paris: [s.e.], 1912.

GROT, N. "Die Begriffe der Seele und der psychischen Energie in der Psychologie". *Archiv für systematische Philosophie*, IV/3, 1898, p. 257-335. Berlim.

HARTMANN, E. *Die weltanschauung der modernen Physik*. 2. ed. Bad Sachsa: [s.e.], 1909.

HETHERWICK, A. "Some Animistic Beliefs among the Yaos of Central Africa". *Journal of the Royal Anthropological Institute XXXII*, 1902, p. 89-95. Londres.

HUBERT, H. & MAUSS, M. *Mélanges d'histoire des religions*. Paris: [s.e.], 1909.

JANET, P. *L'automatisme psychologique*. Paris: [s.e.], 1889.

JUNG, C.G. *Über die Psychologie des Unbewussten*. Zurique: Rascher, 1943 [Novas tiragens: 1948, 1960 e 1966 (Paperback) – OC, 7 (1964)].

_____. *Psychologische Typen*. Zurique: Rascher, 1921 [Novas edições: 1925, 1930, 1937, 1940, 1942, 1947 e 1950 – OC, 6 (1960 e 1967)].

_____. *Versuch einer Darstellung der psychoanalytischen Theorie*. Lípsia/Viena: Deuticke, 1913 [Nova edição: Zurique: Rascher V, 1955 – OC, 5].

_____. *Wandlungen und Symbole der Libido* – Ein Beitrag zur Entwicklungsgeschichte des Denkens. Lípsia/Viena: Deuticke, 1912 [Nova tiragem: 1925 e 1938 – Nova edição: *Symbole der Wandlung* – Analyse des Vorspiels zu einer Schizophrenie. Zurique: Rascher, 1952 – OC, 5].

_____. *Diagnostische Assoziationsstudien*: Beiträge zur experimentellen psychopathologie. Vol. I. Lípsia: Barth, 1906 [Nova tiragem: 1911 – OC, 2].

_____. *Über die Psychologie der Dementia praecox*: Ein Versuch. Hale: Cair Marhold, 1907 [OC, 3].

_____. *Diagnostische Assoziationsstudien*: Beiträge zur experimentellen psychopathologie. Vol. II. Lípsia: Barth, 1909 [Nova tiragem: 1915 – OC, 2].

KANT, I. *Träume eines Geistersehers, erläutert durch Träume der Metaphysik*. Obras II. Berlim: Bruno Cassirer, 1912 [CASSIRER, E. (org.)].

KOCH-GRÜNBERG, T. *Südamerikanische Felszeichnungen*. Berlim: [s.e.], 1907.

LASSWITZ, K. *Atomistik und Kriticismus*. Braunschweig: [s.e.], 1878.

LEHMANN, A. *Die körperlichen Äusserungen psychischer Zustände*. Lípsia: [s.e.], 1899.

LEHMANN, F.R. *Mana, der Begriff des "ausserordentlich Wirkungsvollen" bei Südseevölkern*. Lípsia: [s.e.], 1922.

_____. "Das Wesen des Mana". *Anthropos*, XIV/XV, 1919/1920. Salzburgo.

LÉVY-BRUHL, L. *Les fonctions mentales dans les sociétés inférieures*. 2. ed. Paris: [s.e.], 1912.

LIPPS, T. *Leitfaden der Psychologie*. 2. ed. rev. Lípsia: [s.e.], 1906.

LUMHOLTZ, C. *Unknown Mexico*. Londres: [s.e.], 1903.

McGEE, W.J. "The Siouan Indians – A preliminary Sketch". In: *Fifteenth Report of the U.S. Bureau of Ethnology for 1893-1894*. Washington: [s.e.], 1897.

MAEDER, A. "Régulation psychique et guérison – Dédié à C.G. Jung pour son 50me anniversaire". *Archives Suisses de Neurologie et de Psychiatrie*, XVI, 1925, p. 198-224. Zurique.

_____. *Heilung und Entwicklung im Seelenleben* – Die Psychoanalyse, ihre Bedeutung für das moderne Leben. Zurique: [s.e.], 1918.

MANNHARDT, W. *Wald-und Feldkulte*. 2 vols. 2. ed. Berlim: [s.e.], 1904.

MERINGER, R. "Wörter und Sachen". *Indogermanische Forschungen*, XVI, 1904. Estrasburgo.

NUNBERG, H. Über körperliche Begleiterscheinungen assoziativer Vorgänge. In: JUNG, C.G. *Diagnostische Assoziationsstudien*, II. Lípsia: [s.e.], 1909.

OSTWALD, W. *Die Philosophie der Werte*. Lípsia: [s.e.], 1913.

PECHUEL-LOESCHE, E. *Volkskunde von Loango*. Stuttgart: [s.e.], 1907.

PETERSON, F. & JUNG, C.G. "Psychophysical Investigations with the Galvanometer and Pneumograph in Normal and Insane Individuals". *Brain*, XXX, 1907. Londres.

PREUSS, K.T. "Der Ursprung der Religion und Kunst". *Globus*, LXXXVII, 1905, p. 333-337, 347-350, 380-384, 394-400, 413-419. Braunschweig

_____. "Der Ursprung der Religion und Kunst". *Globus*, LXXXVI, 1904, p. 321-327, 355-363, 375-379, 388-392. Braunschweig.

RICKSHER, C. & JUNG, C.G. "Further Investigations on the Galvanic Phenomenon". *Journal of Abnormal and Social Psychology*, II, 1907, p. 189-217. Albânia.

RÖHR, J. "Das Wesen des Mana". *Anthropos*, XIV/XV, 1919/1920, p. 97-124. Salzburgo.

ROSENCREUTZ, C. *Chymische Hochzeit*. Estrasburgo: [s.e.], 1616.

SAINT-GRAAL, L. [Le Joseph d'Arimathie]. *Première branche des romans de la table ronde*. 3 vols. Le Mans: [s.e.], 1875-1878 [HUCHER, E. (org.)].

SCHILLER, F. *Über die ästhetische Erziehung des Menschen*. [s.l.]: [s.e.], 1795.

SCHULTZE, F. *Psychologie der Naturvölker* – Entwicklungspsychologische Charackteristik des Naturmenschen in intellektueller, ästhetischer, ethischer und religiöser Beziehung. Lípsia: [s.e.], 1900.

SELIGMAN, C.G. *The Melanesians of British New Guinea*. Cambridge: [s.e.], 1910.

SILBERER, H. *Probleme der Mystik und ihrer Symbolik*. [s.l.]: [s.e.], 1914 [Nova tiragem: 1961].

SÖDERBLOM, N. *Das Werden des Gottesglaubens* – Untersuchungen über die Anfänge der Religion. Lípsia: [s.e.], 1916.

SPENCER, B. & GILLEN, J.F. *The Northern Tribes of Central Australian*. Londres: [s.e.], 1904.

STERN, L. *William: Über Psychologie der individuellen Differenzen* – Ideen zu einer "Differentiellen Psychologie". Lípsia: [s.e.], 1900.

TYLOR, E.B. *Die Anfänge der Cultur* – Untersuchungen über die Entwicklung der Mythologie, Philosophie, Religion, Kunst und Sitte. 2 vols. Lípsia: [s.e.], 1873.

VERAGUTH, O. *Das psychogalvanische Reflexphänomen*. Berlim: [s.e.], 1909.

WARNECK, J. *Die Religion der Batak*. Lípsia: [s.e.], 1909.

WUNDT, W. *Grundzüge der physiologischen Psychologie*. 3 vols. 5. ed. rev. Lípsia: [s.e.], 1903.

_____. *Grundriss der Psychologie*. 5. ed. rev. Lípsia: [s.e.], 1902.

Índice onomástico[*]

Abelardo 4[5]
Adler, A. 7[15], 44, 95
Amenófis IV 92
Aristóteles 55

Berger, H. 23[20]
Bergson, H. 55
Biswanger, L. 23[20]
Boltzmann, L. 49
Busse, L. 9, 33, 34[31]

Carnot 48
Chamberlain, H.S. 70[49]
Crawley, A.E. 92[26]

Darwin, C. 42
Descartes, R. 13[14]

Empédocles 55

Freud, S. 17[15], 19[17], 22, 35, 40, 44, 46, 51, 54, 62, 93, 95, 97, 104, 105, 106
Frobenius, L. 68

Gatschet, A.S. 92[63]
Gillen, F.J. 87[57], 92[61], 119[75], 120[76]
Goethe, J.W. 70
Grot, N. 8, 10, 26
Hartmann, E. 2[2], 5[6], 37[34]
Heráclito 99
Hetherwick, A. 117
Hubert, H. 52[42]

Janet, P. 39
Jung, C.G.
- Collected Papers on Analytical Psychology 24[23]
- Diagnostische Assoziationsstudien 18[16], 24[23]
- Instinkt und Unbewusstes (Instinto e Inconsciente) 17[15], 108[70]
- Psychologie der Dementia praecox 17[15], 19, 22[19], 56
- Symbole der Wandlung 1[1], 35, 38[36], 56[44], 83[51], 85[53], 92[60]
- Über die Psychologie des Unbewussten (Psicologia do inconsciente) 52[42]
- Versuch einer Darstellung der Psycho-analytischen Theorie 56[45]
- Wandlungen und Symbole der Libido 1[1], 35, 46, 56[44], 68, 79, 83[51], 86[53], 92[60], 104[68]

Kant, I. 64[46]
Koch-Grünberg, T. 89[58]

Lasswitz, K. 10
Lehmann, A. 23[20]
Lehmann, F.R. 52[42], 128[82], 129
Lejeune, R. 92

---

[*] Os números se referem aos parágrafos; os alceados, às respectivas notas de rodapé.

Lévy-Bruhl, L. 86[56], 92[63], 94[64], 117[73]
Lipps, T. 26, 28
Lovejoy, A. O. 115[71], 116[72], 126, 127
Lumholtz, C. 121

McGee, W.J. 115
Maeder, A. 17[15], 28[29]
Mannhardt, W. 87[54], 87[55]
Mauss, M. 52[42]
Mayer, R. 128[85]
Meringer, R. 86

Nietzsche, F. 108
Nunberg, H. 23[21]

Ostwald, W. 5[6], 19[18]

Pechuel-Loesche, E. 84[52], 119[75]
Peterson, F. e C.G. J. 23[21]

Platão 55
Preuss, K. Th. 83[51], 128

Ricksher, C. e C.G. J. 23[21]
Röhr, J. 128
Rosencreutz, C. 90[59]

Schiller, F. 26
Schopenhauer, A. 55
Schultze, F. 83[51]
Seligman, C.G. 123[79], 129[86]
Silberer, H. 90[59]
Soederblom, N. 101[67], 125
Spencer, B. 87[57], 92[61], 119[75], 120[76]
Stern, L. W. 26

Tylor, Ed.B. 118

Veraguth, O. 23[22]

Warneck, J. 125[80]
Wundt, W. 2[2], 4[4], 5[6], 7, 28, 29, 41

Índice analítico*

Abstração 5
Adaptação, como conceito finalista 42, 59
- ao mundo ambiente 67, 75
- ao mundo interior 66s., 75
Afetivo(s), afetiva(s), acentuação 19
- atitude 61
- conteúdos, cf. tb.e.t.
- fenômenos a. concomitantes 23
- tonalidade 19
- complexos de, cf.tb.e.t.
Afeto(s) 25, 26, 95
- deslocamento 17
- embotamento dos 50
Agricultura 85s
Água 123
- queda, curso de a. como processo energético 72, 85, 90, 93
Ajik 129[86]
Alegoria 71
Algonquins 116
Alquimia 90
Ambiente, mundo, adaptação ao 67
Amor, dos elementos (Empédocles) 55
Amuleto 118
Analogia
- criação de 89
- formação de a. sexuais 84s.
- do objeto dos instintos 83
- do processo de individuação, cf. tb.e.t.
Ancestral, ancestrais, antepassado(s)
- série, herança dos 97, 99s.
Andriamanitra 125
Ani 125
Animal, animais 70, 81, 84, 115, 121, 129[86]
Animística, interpretação 118, 129
Antinomias dos pontos de vista 31
Antroposofia 92
Anut 125
Arunquiltha 120
Aruntas 86
Assassinato(s) 105
Associação, associações 18, 85
- experimento das 22, 62
Atenção 26
Atitude(s) psicológica(s) 26
- e adaptação 61s.
- afetiva 61, 64, 67
- biológica 113
- contrárias 77
- cultural 113
- origem, gênese e degeneração 50
- pensativa 61, 64-68
- e pontos de vista 5,41
- em face da sexualidade 108
- unilateralidade, cf.tb.e.t.
Ativação do inconsciente 65

---

* Os números se referem aos parágrafos; os alceados, às respectivas notas de rodapé.
Abreviaturas: m.s.: motivo onírico ou de sonho; SE: sujeito da experimentação.
Cf.tb.e.t.: confira também este termo.

Atninga, cerimônia do 86
- força de 49
- do símbolo 46, 85
Atua 125
Australianos 119s.
Autoconhecimento 86
Automatismo(s) 22
Autorregulação da alma (psique) 96
Autoridade(s) 111
- espiritual 101
- moral 105
Autossugestão 87
Avaliação, método de 19
- das qualidades, cf.tb.e.t.

Badi 120
Baleia, v. dragão-baleia
Bataques 125
Batismo de navio 87

Cabelos 86
Caça 86
Carbono
- Química do 10
Carnot, princípio de 48
Castor 81
Catolicismo 110
Causa(s), do ponto de vista finalista 4^4, 44
Causal, causais
- ponto de vista 2, 38^{37}, 51, 104
-- causal e mecanicista 6, 19^{18}
Causalidade (v.tb. finalidade) 10
Censura (Freud) 62
Cérebro (cf. substrato orgânico) 10
- fisiologia do 10, 29
- hereditariedade 99
Cerimônia(s) 83s., 91, 94, 98
Cervo 121
Christian Science 92
Churinga 92
Ciência(s) (cf.tb. experiência) 45, 90
- naturais 90
Civilização 94
Coletivo(s) coletiva(s)

- mentalidade 112
- personalidade 110
- religião 109s.
Complexo(s)
- inconsciência 19^{17}
- indicadores, indícios dos 22, 62
Compreensão 22
Compulsão, compulsões (cf.tb. neurose) 94
Comunidade, formação da vida em 92, 101
Conceito(s) 50, 127
- formação dos c. na Psicologia 28,51
- quantitativos e qualitativos 51, 56s.
Concepção
- imediata 52
- do mito 71
Condições psíquicas 26, 96
Conflito(s) 22,61,99
- moral 107
- entre natureza e espírito, v. espírito superação, solução 50
Consciência
- ampliada 111
- distúrbios da 62
- fenômenos da
- e inconsciente 29
- inibição pela 22, 62, 64
- limiar da 29
- psicologia da 29
- tomada de (tb. Tornar-se consciente) 111
Constância, princípio da (Busse) 34s.
Constelação, constelações
- dos conteúdos psíquicos 19s.
Conteúdos
- afetivos 18s.
- conscientes 63s.
-- e inconscientes 17
- incompatíveis 63s
- inconscientes (subliminares) 62s
-- ativados 65
-- torná-los conscientes 35

- instinto de conhecimento 25
- não capazes de tomar-se
Conscientes 19[17]
- regressivos 66
Convenções 104
Corpo e alma 31, 33
Crença (cf.tb. fé) 126
Criador
- e criatura 102
- Deus como C. 102
Criador(es), criadora(s) (cf.tb. criativo)
- força 117
- neoformações 19[17]
- poder 107
Criança
- diferenciação dos valores 17
- e pais (cf.tb. complexo parental) 36, 85
- psicologia da 97s.
Criativo, o 126
Crocodilo 118
Cultura(s)
- e indivíduo 113
- como máquina 81
- natural 81
Cultural, culturais
- atitude 111
- atividades 91, 110
- produto 44
Cupim, cupinzeiro 118

Dacotas 115s.
Dança(s) 84s, 87
- do búfalo 86
Degeneração 50, 69
Dementia praecox 50
Demônio(s) 95, 115, 127, 129
- do campo 86
Descobertas 90
Desejos 26
- de prazer 95
Desenvolvimento da individualidade 110, 112
Desproposital, falar 22
Destino(s) 98, 113

Desunião consigo próprio 61, 113
Deus, deuses 92, 95, 102s., 129
- amor de 36
- conceito de 103
- da fecundidade, cf.tb.e.t.
- figuras de deuses 92
- ideia de 129
-- como necessidade vital 102
- patriota 87
- dos primitivos 92
- relação com 110
Devoramento
- do herói 68
- do filho 120
Diástole e sístole (Goethe) 70
Diferenciação, diferenciações
- como cultura natural 81
- da escala de valores 17
- hereditária 97
Dinâmica, dinamismo
- sexual 56
Dinâmicos, processos (progressão regressão) 72
Dinamismo 52-59, 77, 79, 89, 118, 130
Dirigido, caráter
- atitude 60
- dos conteúdos conscientes 63s.
- dos processos psíquicos 50
Discordância consigo próprio 61, 113
Disposição, disposições
- individuais e formação dos complexos 18
Dissociação 61, 113
Dragão, dragões 68
Dragão-baleia, mito do (Frobenius) 68

Educação
- capacidade para ser educado 112
- coletiva 113
- influência da 104, 113
Efeito 57
Eficaz, o 126
Ekoi 125

Élan vital (Bergson) 55
Elementos
- demônios dos e. 115
- (Empédocles) 55
- transformação dos 90
Elétrica, central 83, 90, 93
Eletricidade 82, 90
Elgônis 129[86]
Embrionário, estado 69
Emoções 55
Empatia 5
Energético(s), energética(s)
- ponto de vista e 1-25, 28, 34, 41, 51, 56s., 73, 75, 130
-- emprego do 26-32
- possibilidade 6-13
- processo 3, 50
- teoria 37
-- primitiva 6-13 (V. Grot) 121[3]
Energia
- cinética 72, 80s.
- conceito 1, 19, 26-47, 52, 73, 103
-- (Freud) 54
-- (V. Grot) 8, 19[18]
-- (V. Hartmann) 5[6]
-- hipostasiado 19[18]
-- (Ostwald) 5[6], 19[18]
-- primitivo 127s., 130
-- (Wundt) 41
- do elemento central 19
- especificações 27, 72
- física (orgânica) 79
- física (material) 56, 80
- e força 26s., 52
- forma espiritual 52
- lei da conservação da 9 (Külpe), 34
- potencial 26, 72
- princípios (leis) básicos da 34s., 41, 48
- princípio de constância da (Busse) 34
- princípio de equivalência (Busse) 34s., 41, 48
- psíquica 16 (Lipps), 59, 98, 127

- transformação da 4, 54s., 58, 77, 79, 88, 92s., 113
- transformador de, v. máquina
Energismo psíquico 52-59
Entropia 3, 48s., 58
Equilíbrio psíquico 61
Equivalência
- em vez do efeito causal 59
- princípio de (Busse) 20s., 41, 48, 72
Era cristã 92
Eros
- (Platão) 55
Erro(s) 102
Escapulir-se, ato de 68
Escola 112
Escrita, lapsos de 22
Espírito
- conceito 102
- como fogo devorador (Nietzsche) 108
- mau 95
- e natureza 96
- primitivo (cf.tb. mentalidade) 127
- e sexualidade (Freud) 97, 108
Espíritos 95, 102, 123, 127, 129
- mudança nos 117
Espiritual
- o espiritual 108
Esquecimento 22
Estrada Torres 120
Estrela(s) 115
Éter 53
Ética 105, 107
Eu, instinto do 54
Europeu(s) 94
Evolução (cf.tb. involução) 35, 41, 47, 70
- da consciência, cf.tb.e.t.
- da humanidade 101, 103
- e progressão 70
Exagero 61
Experiência 95, 97, 100
- de vida 112
Extensidade física e psicológica, fato de 37s.
Extroversão e introversão 77

Fabulação 71
Falar, maneira de 86
Fantasia(s) 35, 95
- inconscientes 39
- míticas 71
- a respeito dos pais substitutos 36
Fantasma(s), assombrações 102
Fascinações 22
Fé (cf.tb. Crença)
- profissão de 111
Fecundidade 126
Feiticeiros 95
Fetiche 92, 115
Finais, causas 4[4] (Wundt)
Final, causa 4[4] (Wundt)
Finalidade 4[4]
- e causalidade 5[6] (Wundt) 57, 41s., 58
Finalista, ponto de vista 3s., 45
Física (cf.tb. paradoxos) 37[35]
Fisiológico(s), fisiológica(s)
- pistas 100
- processos 11
Fogo
- devorador (Nietzsche) 108
Fome
- impulso (instinto) da 56, 108[69]
Fonte(s) 118
Força(s) (cf.tb. impulso)
- diferença força/energia 52
- psíquica, e energia 26 (Lipps) 52
-- consteladora 19, 49
Função, funções (cf.tb. intuição, pensamento, sentimento) 17
- investigação da libido 91
- negligência de uma 75
- das religiões 111
- do símbolo 92

Gelaria, habitantes de 129[86]
Genitais, órgãos 83-86, 88
Germinal, estado g. do ser sexual 97
Gnosticismo 102, 110
Gravidez 107
Guerra 86, 99[65]

Han 125
Hereditários, carga, soma de fatores h. 97, 99s.
Herói(s) 68
Heroico, o 95
Hikuli 121
Homem (ser humano) 121
- animal 63
- civilizado 95
- da idade madura 112
- natural 95
- e produção de trabalho 75
Horme ormh (Aristóteles) 55
Hudibras (Kant) 63[46]
Huichols 121
Humor 105

Ideia(s), representação, representações, conceitos
- fugas de 22
- herdadas 90
-- probabilidade de 99
- religiosas 92
Iluminismo (tb. Ilustração) 90
Imagem, imagens
- do inconsciente 71
- da memória 44
Imago
- da mãe 43s.
Imortalidade 116
Impulso(s) (cf.tb. instinto) 51
Incesto 43s.
Inconsciente, o (cf.tb. coletivo, consciência, conteúdo, Deus, instinto, personificação, sonho) 62
- eficácia 35
- e formação dos símbolos 92
Independência, propensão mística à 110
Índios 122
Individuação, processo de 75, 96, 111
Individualidade 110
Individualização, 111

Infância 98, 107
Infantil, infantis
- estado 69
- psique 97s.
Inferioridade
- dos conteúdos 63
Instintiva(s)
- energia (força), transformação da 83, 89
Instintividade, emocionalidade 99, 108
Instinto(s) (cf.tb. arquétipos, apetites, autoconservação, conhecimento, espiritual, eu, fome, impulsos, lúdico, *pattern of behaviour*, reflexão, reflexo, vital, vontade) 26, 54 (Freud), 95, 99-113
- afastamento, desvio do 97
- objeto dos 83
- poder dos 95
- psicologia dos 104, 108
- refreamento dos 101
- repressão 36
Intenção 47
Intensidade(s)
- de um complexo 19[17]
- diferenças, equilíbrio das 48, 91
- fator de i. física e psicológica 37s., 51, 58
- princípio de Carnot 48
- da progressão e regressão 72
Interesse(s)
- deslocamento 39
- do espírito primitivo 110
- do paciente 22
Interiorização 113
Interpretantes progressivos e regressivos (Wundt) 5[6],
Intuição, intuições 98
- formas de 52
Involução (cf.tb. degeneração) 69s.
Iroqueses 116
Irritar 86

Jejum 122
Juiz, Deus como 102
Juventude (idade) 112s.

Kalit 125
Kasinge 125
Kusaie 125

Labuni 129[86]
Lago(s) 118
Libido 54 (Freud) 77, 91
- canalização 79-87
- conceito 32s., 52, 56
-- primitivo 114, 130
- excesso 91, 104, 109
- regressão 43
- represamento 61, 65, 109
- transformação 35s., 38, 92s., 113
Lisoka 117
Lógica 102
Louco 94
Lua 115
Lúdico, lúdica(s)
- comportamento, ações 89, 95

Macaco(s) 118
- fixação na figura da 43
- imagem da 43
- magia 86, 89s.
Mágico (cf.tb. feiticeiros) 95
Mágico(s), mágica(s)
- ação m. à distância 90
- ato, procedimento, operação 85
- causalidade, cf.tb.e.t.
- danças 86
Malaia 120
Mal-entendido 22
Malgaxes 125
Mana 52[42], 123, 127s.
Manitu 116s.
Maoris 125
Máquina
- homem como 75
- como transformadora de energia 80-83, 88
- a vapor 79

Mar
- travessia noturna do 68s.
Masailandia 125
Massa
- como forma de energia 37[35]
Materialismo 10, 105
Mecanicista-causal, ponto de vista 35, 58, 73
Mecânico, ponto de vista (cf.tb. causal) 2, 41
Médico 63[47], 99
Medidas, sistema de m. para valores psicológicos 14s.
Medo(s), temor(es) 87, 94
Melanésia 123
Memória 44
- e complexos 20
- imagens da 44
Mental, mentais
- perturbações 50
Mentalidade (espírito) primitiva 97, 110
Mente (cf.tb. espírito, razão) 87
Mexicana, tribo 121
Místico, 95, 119s.
Místico, mística(s)
- pouvoir mystique (Lévy-Bruhl) 121[78]
- propensão m. do protestante à independência 110
- concepções do m. 71
- do dragão-baleia (Frobenius) 68
- natureza do 71
Mitologia 92
Mitológico(s), mitológica(s)
- símbolos 92
Mnêmicos, sedimentos 99
Monstro 68s.
Morais, leis 105
Moral, moralidade 105
Mortos
- relação com um morto 122
Mulher 122
- mulher-terra 88
Mulungu 117

Nascimento 107
Natural, naturais
- Ciências 90
- forças 90
- transformação da energia, em a Natureza 79, 81, 83, 90
Negro (indivíduo) 94
Neurose(s)
- causa 61
- tratamento 35
Neurótico(s) (indivíduo) 94
- irrealidade 63
Ngai 125
Njomm 125
Nomotético, processo 101
Noturna
- travessia n. do mar 68s.
Númen 127
Nupcial, leito n. no campo 85

Objeto
- mágico 89
Oki 116
Oposto(s), equilíbrio entre os 61s., 103s.
- par de 96
-- corpo, cf.tb.et
- tensão entre os 49, 99, 103, 111
Oração 122
Organizações 111
Órgão genital feminino 83
Oriente
- viagem ao 68
Ossos 123
Ovários 129[86]

Pacientes enfermos (cf.tb. médico) 93, 99
Pai, pais
- invisíveis 101
- o p. malvado 99
Paládio 92
Pansexualismo 35
Paradoxo(s)
- da alma 103

Parental, complexo 36
Participation mystique (Lévy-Bruhl) 127
Partie supérieure et inférieure d'une fonction (Janet) 39
Pássaro(s), ave(s) (v.tb. animais) 68, 84, 118
Pecado 102
Pedra 123
Pelew 125
Penas 121
Pensamento(s) (cf.tb. ideias) 64s., 67
- condições do 5
- preguiça de pensar 110
Pensativa, atitude 61, 67
Personalidade (cf.tb. dissociação)
- como felicidade suprema 112
Personificação
- do mana 129
Perturbação, perturbações
- da consciência 62
Pistas preexistentes (herdadas) 101
Plantas 70, 121
Poder(es) 95, 126
- mágico 92, 114, 119s.
- vontade de (cf.tb. desejo) 78
Politeísmo 92
Ponape 125
Ponto(s) de vista 5
- "entranhado" 50
Potencial, diferença ou gradiente de 3, 41, 80, 94
Povo(s)
- história dos 101
Prazer, desejos de 95
Preconceito(s) 50
Preexistentes(s)
- pistas 100
Prestígio, psicologia do (Adler) 95
Primavera, cerimônia da 83
Primitive energetics (Lovejoy) 126
Primitivo (indivíduo), primitivos (cf.tb. deuses, espíritos, homem civilizado) 52[42], 114s.
- e a alma 47

- formação dos símbolos para a transformação da libido 86, 88s., 92
- instintos, impulsos 109
- e o mito 71
Princípio
- hipostasiação científica 5
- guia, norteador 98
- pré-animista 126
Procriação 107
Progressão 60s., 68-70, 72s., 76
Progresso 111
Projeção
- mito como 71
- dos pontos de vista, sobre o objeto 5, 41
Protestantismo 110
Psicanálise 51, 63, 93
Psicofísica, relação 10
Psicogalvânico, fenômeno 23
Psicologia (cf.tb. consciência, criança, massa, religião, sonho) 91
- analítica 51, 54
- cristã-religiosa 36
- empírica 33
- fisiológica 51
- Freud, teoria da 104s.
- Teoria, formação de uma (Jung) 40
Psicopatologia 17[15]
Psique (cf.tb. cérebro, criança, instinto, substrato, vida) 29
- aspecto energético 8-11, 49
- contraste luz-trevas 29
- fundo da 63
- e sexualidade 35
- psiquiatria 51
Pueblos 86
Pulso, curva do 23

Qualidade(s)
- do elemento nuclear 19
- e intensidade de valor 15, 58
- de um indivíduo, pessoa 123
- Teoria energética 51, 73
Quantidade(s)
- conceito que expressa q. 27

- do movimento (impulso) (Descartes) 13[14]
- e qualidade 73
Quantitativo, quantitativa
- avaliação 13s., 18-25
- conceito 51
- determinação psicológica 6-25
Quantum 53, 73
Queimar os pés 94
Quênia 129[86]
Querer, o 26
Química
- do carbono e a vida 10

Racionalismo 46s.
Raio 115
Razão (cf.tb. intelecto, inteligência) 47
- categorias de 52[42]
Realidade 5
Realismo
Relativo (Abelardo) 45
Redenção, meta, finalidade espiritual da 103
Redução 35, 38, 40, 46, 94, 98, 109, 112
Regressão
- da libido 43, 60-76
- como processo energético 70-76
Relação, relações 127
Religião, religiões 91, 111
- do Estado 92
- do Mazdaznan 92
- oficial do Estado 92
- prática da 110
- primitiva 95, 109
Religioso(s), religiosa(s)
- problema, questão 95
- visões 102
Repressão (recalque) 17, 35, 61, 104
- e individuação 74
- dos instintos 36
- da sexualidade 113
Respiratória, curva 23
Rio 118
Rites d'entrée (Lévy-Bruhl) 86
Rítmica(s)

- atividades 89
- batidas r. de tambores 86
- esfregar 92
Ritos (cf.tb. cerimônias) 91s., 98
Ritual, rituais
- objetos 115
Rolar 86
Roubo 105
Rupestres, desenhos 89

Sagrados, sagradas
- objetos 92, 119
Santo, sagrado (wakanda) 115
Seitas 92
Semiótica(s)
- interpretação 88
Sentimento 50, 64, 106
Sentimentos (emoções, afetos) 110
Serpente(s) 118
Sexual, sexuais
- analogia 86
- ato 85
- componentes (Freud) 40
- dinâmica 56
- problema, questão 105
- ser (cf.tb. sexualidade) 97
- sexualidade 35, 38[37], 51, 54, 97, 105-108, 113
- conceito de 106
- infantil (Freud) 97
- investigação, pesquisa sobre (Freud) 35
- repressão 113
- teoria da 40, 104s.
Sexualismo 35, 51
Significado, sentido finalístico
-- dos fenômenos psíquicos 44
-- do processo de regressão 44
Simbolismo
- da alquimia 90
- católico (sistema de símbolos) 110
Símbolo(s) 91s., 109
- buraco cavado na terra pelos watschandis 83, 88
- formação 47, 92, 88-113
- função 92, 113

- e ponto de vista finalista 45
- e sinal 88
Sinal e símbolo 88
Sintoma(s)
- de atividade inconsciente 35
- histérico 106
- neuróticos 63[47]
- psicógenos 37s.
- de represamento da libido 61
Sintomáticos, atos 22, 61s.
Sistema(s) 49s., 111
Sol 115
- devoramento do 120
- nascer do 68
Sombra(s) 129[86]
Sonho(s) (cf.tb. compreensão, consciência, medo, neuróticos, vontade)
- arquetípicos 55s.
- das crianças 98
- *le dieu des sauvages* (P. Lejeune) 92
- e inconsciente 35
- dos primitivos 92, 94
- sublimação 40, 109
Substância(s) 2s., 41, 46
Substituto, formação de 35s.
Substrato (cf.tb. cérebro) orgânico da psique 29
Sugestão
- autossugestão 87
Superstição 95

Tambor, batidas rítmicas 86
Teleológico (dirigido para um fim), caráter
- do processo energético 3
Teleológico, ponto de vista 51
Tempo 52
- medição do t. para determinar a intensidade dos valores psíquicos 22
Tendência (atitude) compensatória 17[15]
Tensões 51
Teosofia (v. Antroposofia) 92, 110
Térmica, morte 48
Terra

- área de 118
- cerimônia de fecundação da 85
- mulher-terra 88
Tipo(s)
- de atitudes 77s.
Tóbi 125
Tondi 125
Toque mágico 86
Total, psique 51
Totem (cf.tb. ancestral) 92
Trabalho, produção de 26, 75, 80s., 89
Tradição, tradições 104, 111
Transferência 35
Trauma
- teoria do (Freud) 46
Trigo 121
Trovão 115
Tutelar, divindade 92

Unificação dos contrários 61
Unilateralidade
- da adaptação 67, 75
- das atitudes 61
- das concepções (Freud) 35, 105
- da consciência 17[15]
Universais, problema dos 4[5]

Valor(es) 11, 50, 62
- determinações dos v. para o inconsciente 17
- quantidade de 19
- sistema de 14s.
Vento 115
Vida 10, 63
- curso, desenrolar da 70, 91, 94
- experiência das 112
- metade da 113
- do primitivo 94, 114-119
- transformação da energia como expressão da v. 80s.
Vingança 86
Visão, visões 122
Vis a tergo 87
Vital
- energia (cf.tb. libido) 31s., 116

- força 32
- instinto 56
- sentimento
-- extinção do 61
Vitalismo 51
Vontade (cf.tb. atitude, querer) 47
- e consciência 87
- Schopenhauer 55

Wakan 122
Wakanda 115s.
Wataka 83
Watschandis 83, 88
Wong 118

Yaos 117
Yaris 125

Zogo 120

REFLEXÕES JUNGUIANAS

Corpo e individuação
Elisabeth Zimmermann (org.)

As emoções no processo psicoterapêutico
Rafael López-Pedraza

O feminino nos contos de fadas
Marie-Louise von Franz

Introdução à psicologia de C.G. Jung
Wolfgang Roth

O irmão – Psicologia do arquétipo fraterno
Gustavo Barcellos

A mitopoese da psique – Mito e individuação
Walter Boechat

Paranoia
James Hillmann

Puer-senex – Dinâmicas relacionais
Dulcinéa da Mata Ribeiro Monteiro (org.)

Re-vendo a psicologia
James Hillmann

Suicídio e alma
James Hillmann

Sobre eros e psique
Rafael López-Pedraza

Sonhos – A linguagem enigmática do inconsciente
Verena Kast

Viver a vida não vivida
Robert A. Johnson, Jerry M. Ruhl

Conecte-se conosco:

facebook.com/editoravozes

@editoravozes

@editora_vozes

youtube.com/editoravozes

+55 24 2233-9033

www.vozes.com.br

Conheça nossas lojas:

www.livrariavozes.com.br

Belo Horizonte – Brasília – Campinas – Cuiabá – Curitiba
Fortaleza – Juiz de Fora – Petrópolis – Recife – São Paulo

EDITORA VOZES LTDA.
Rua Frei Luís, 100 – Centro – Cep 25689-900 – Petrópolis, RJ
Tel.: (24) 2233-9000 – E-mail: vendas@vozes.com.br